国家出版基金项目
NATIONAL PUBLICATION FOUNDATION

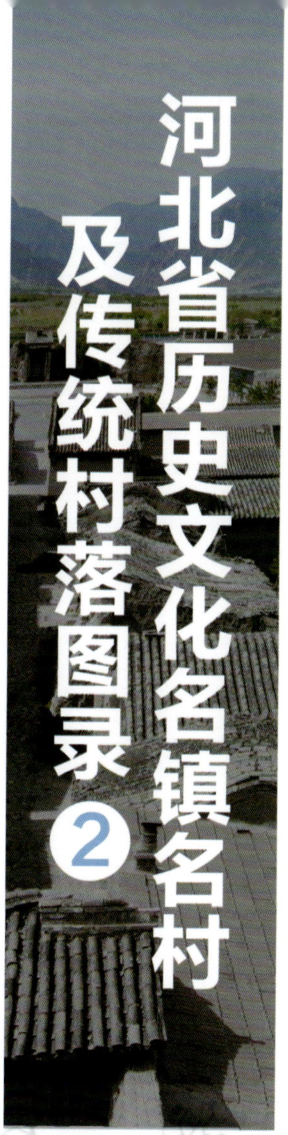

河北省历史文化名镇名村及传统村落图录 2

【张家口 秦皇岛 唐山 廊坊】

乔文黎 史艳琨 王舒扬 编著

天津大学出版社
TIANJIN UNIVERSITY PRESS

图书在版编目（CIP）数据

河北省历史文化名镇名村及传统村落图录 . 2, 张家口、秦皇岛、唐山、廊坊 / 乔文黎 , 史艳琨 , 王舒扬编著 .— 天津：天津大学出版社 , 2019.3

ISBN 978-7-5618-6378-7

Ⅰ . ①河… Ⅱ . ①乔… ②史… ③王… Ⅲ . ①乡镇 – 张家口 – 图集②乡镇 – 秦皇岛 – 图集③乡镇 – 唐山 – 图集④乡镇 – 廊坊 – 图集 Ⅳ . ① K922.25-64

中国版本图书馆 CIP 数据核字 (2019) 第 046316 号

出版发行　天津大学出版社
地　　址　天津市卫津路 92 号天津大学内（邮编：300072）
电　　话　发行部 022-27403647
网　　址　publish.tju.edu.cn
印　　刷　廊坊市瑞德印刷有限公司
经　　销　全国各地新华书店
开　　本　210mm × 285mm
印　　张　12.75
字　　数　301 千
版　　次　2019 年 3 月第 1 版
印　　次　2019 年 3 月第 1 次
定　　价　158.00 元

本书编委会

鸣谢单位（排名不分先后）：

河北省住房和城乡建设厅村镇建设处 河北省村镇建设促进中心 保定市住房和城乡建设局

石家庄市住房和城乡建设局 定州市住房和城乡建设局 邢台市自然资源和规划局

张家口市自然资源和规划局 唐山市住房和城乡建设局 邯郸市自然资源和规划局

沧州市住房和城乡建设局 廊坊市住房和城乡建设局 秦皇岛市住房和城乡建设局

封面插图：魏广龙

Preface

序

我国的传统村镇聚落保留着大量的物质文化遗产和非物质文化遗产，蕴藏着丰富的历史文化信息，是中华民族文化传承的物质载体，是回望历史、寄托乡愁、展望未来的精神家园。随着我国城镇化速度的加快和产业结构的调整，许多传统村镇聚落受到不同程度的影响而逐渐消失，农耕文明和乡村传统文化日渐衰微。一些得以保留且弥足珍贵的传统村镇聚落何去何从，已成为社会学、人类学、建筑学和文化遗产保护领域及社会各界广泛关注的重要议题。国家十分重视优秀民族文化的传承和发扬，为保护日渐消失的传统城镇和村落，颁布了多项保护政策，实施了一系列保护措施。2008 年 4 月，国务院颁布了《历史文化名城名镇名村保护条例》；2012 年 12 月，住房和城乡建设部、文化部、财政部三部门联合发文，公布了第一批中国传统村落名录，截至 2018 年年底已陆续公布 5 批，列入名录的传统村落达 6 799 个。

燕赵文化历史悠久，河北省目前仍保留着许多具有浓厚燕赵文化特色的传统村镇聚落。这些传统村镇聚落大多散布在冀中平原、太行山区和燕山山区，它们有些曾是富甲一方的古镇，有些曾是商旅云集的商埠，有些曾是防卫森严的城堡，还有些曾是充满诗意的田园乡村。这些传统村镇形式多样，特色鲜明。由于所处地区和环境的不同，各个传统村镇的布局因地制宜，随坡就势，形成了独特的肌理和景观，在自然山水的映衬和农耕文明的熏染之下，它们散发出浓郁的乡土气息，体现了淳朴的民风乡情。这些村镇中建筑的形式，既有格局规整的传统北方四合院，也有各式各样的窑洞，如石砌锢窑、砖砌锢窑以及掘土而成的靠山窑、地坑窑，极具地方特色。乡土建筑建造时多就地取材，土木砖石各有所用；建筑结构、建造技术和施工工艺则以适合当地的气候和环境为宜。

“河北省历史文化名镇名村及传统村落图录 1、2、3”图书出版项目得到国家出版基金的资助。作者从河北省域内的中国历史文化名镇名村、列入中国传统村落名录的村落以及河北省历史文化名镇名村中，遴选了 70 余个传统村镇聚落编辑成册。作者团队通过对这些传统村镇聚落的现场走访、调研和踏勘，收集了第一手资料，并把这些民间精粹、国之瑰宝记录下来，采用图片与文字相结合的方式，从村镇概况、空间格局、物质文化遗产、非物质文化遗产等方面真实地反映河北省传统村镇聚落的概貌，充分展示其文化内涵和魅力。这 3 册图书为我们全面深入地了解河北省传统村镇聚落提供了一把钥匙，借助这把钥匙，我们可以打开一扇文化之门，进而探究其所蕴含的文化真谛。

传统村镇是我国农耕文明留下的宝贵遗产，是历代祖先的无私馈赠，对研究我国社会、经济、艺术以及科技发展都具有重要价值。希望这3册书的出版，能够引起大家对这些濒临消亡的古村、古镇的高度重视，对中华民族的文化遗产更加珍惜。希望大家在繁忙的工作之余，能够放慢脚步，切身领略传统村镇带给我们的和美与宁静、绚烂与妩媚以及那一份沉重与沧桑。

张玉坤

2019 年 1 月

Foreword

前 言

我国幅员辽阔，灿烂的农耕文明历史悠久，形成了极为丰富的乡村文化遗产。2012 年 9 月，传统村落保护和发展专家委员会第一次会议决定，将习惯称谓“古村落”改为“传统村落”，以突出其文明价值及传承的意义。中国历史文化名镇名村是建设部（现住房和城乡建设部）和国家文物局从 2003 年起共同组织评选的，是保存文物特别丰富且具有重大历史价值或纪念意义的、能较完整地反映一些历史时期的传统风貌和地方民族特色的村和镇，它们基本反映了我国不同地域历史文化村镇的传统风貌。

河北省的历史文化名镇名村及传统村落在全国占据很大的比例。2016 年，河北工业大学建筑与艺术设计学院开始参与河北省住房和城乡建设厅（以下简称“河北省住建厅”）有关河北省历史文化名镇名村及传统村落的记录、整理、立档项目。我们的团队分为若干个考察队，深入各个村落进行走访和考察，调研了丰富多彩的传统建筑，收集了第一手资料，体验了河北乡村深厚的历史文化底蕴和淳朴民风，充分感受到河北省乡村历史发展的多样性。截至 2018 年年初，河北省有近百个国家级或省级历史文化名镇名村和传统村落。通过与河北省村镇建设促进中心的合作，我们梳理出部分村落的图像和文字资料，并整理成册，形成《河北省历史文化名镇名村及传统村落图录》（1、2、3）3 册，以图文并茂的方式全面系统地介绍了这些村落和古镇的基本情况、历史沿革、村落环境、空间格局、传统民居、公共建筑以及非物质文化遗产等。我们与河北省住建厅于 2018 年 7 月开展了图录第二辑的立项工作，希望通过立档的方式使这些村落的物质文化遗产和非物质文化遗产得到更好的传承。

在调研村落的过程中接触到众多丰富多彩、珍贵璀璨的物质和非物质文化遗产，我们的内心受到极大的震撼，原来乡村有这么多值得研究和传承的东西，同时我们也为乡村的现状深感担忧。由于乡村空心化和人们对传统文化的忽视，目前越来越多的特色乡村的整体肌理和传统文化逐步消失，取而代之的是无序的建设和混乱的空间。村内大部分年轻人外出打工，很多房屋因无人居住而空置，一些具有历史文化价值的特色民居和传统建筑逐渐坍塌损毁，无法修复。一些民间技艺无人传承，也将逐步消失。这一现状给我们敲响了警钟，如果再不采取行动，未来我们将再也看不到拥有几千年历史的传统村落和农耕文明，将彻底失去我们的“乡愁”。

河北省向来为京畿要地，在京津冀协同发展中为重要的一环，具有“新型城镇化与城乡统筹示范区、京津冀生态环境支撑区”的定位要求。基于此，如何做好河北省的乡村保护工作是一个值得深思的问题。我们认为，一方面应该对这些古镇、村落进行纸质化和数字化归档，建立档案库，为进一步保护提供基础数据和资料；另一方面还要结合当前乡村振兴的政策背景，把保护和发展结合起来，对乡村进行活态保护，采用“生态博物馆”的理念，发挥原住民的积极作用，使他们主动保护自己的生活环境和文化传统。我们希望这 3 册书的出版能起到抛砖引玉的作用，使公众认识到保护传统村落和名镇名村的意义，领略到村落的独特魅力与社会文化价值，从而营造全社会关注村落文化的热潮，让更多的人参与村落保护和传承；同时能为京津冀的城乡规划、政策制定、协同发展提供资料参考，为区域内的村庄建设、文物保护、非遗传承、经济发展、文化建设等提供依据。

河北省地大物博，传统村落和名村古镇众多，传统文化广博深邃。作为以研究建筑为主的团队，我们将图书编写的重点放到物质文化遗产方面，对非物质文化遗产仅作了简单概述，并不全面深入。另外在传统建筑方面，由于各种原因，很多建筑已经坍塌，或重建，或仅存残垣、遗址，也有的建筑因为是个人住房或危房，很难进入取得全貌，故书中的部分建筑图片为局部照片。希望这些问题在我们下一步的工作——村落资料数据化工程中加以解决和完善，以更详尽和现代化的方式将这些遗产档案更好地保存和传承下去。

最后，感谢国家出版基金管理办公室对这套书的大力支持，没有国家出版基金的资助和各位专家的指导，本套书实难出版；感谢河北省村镇建设促进中心副主任席建林的大力支持，感谢河北省住建厅及各地住房和城乡建设部门的全力配合，为我们提供了大量的基础数据和资料；感谢天津大学建筑学院张玉坤教授为本套书提出了许多宝贵意见并作序；感谢负责资料采集和图书编写的老师和同学们，不管是夏日炎炎还是寒风凛冽，你们都始终坚守第一线，是你们不辞辛苦的付出才结出今天的硕果。

历史文化名镇名村和传统村落的研究与保护任重而道远，需要大家的共同努力才能使我们的乡村焕发新的生机。再次感谢大家的支持，我们会继续走下去。

魏广龙

2018 年 12 月

Contents

目 录

第一篇 张家口篇

张家口市位于河北省西北部，地处京、冀、晋、蒙 4 省、市、自治区交界处，东临首都北京，西连“煤都”大同，北靠内蒙古高原，南接华北平原。它是北京的北大门，也是历史上的兵家必争之地和重要的历史文化名城。张家口市总面积约为 3.68 万平方千米，下辖 10 个县（张北县、康保县、沽源县、尚义县、蔚县、阳原县、怀安县、怀来县、涿鹿县、赤城县）、6 个区（桥西区、桥东区、崇礼区、万全区、宣化区、下花园区）。

第一章　蔚县

蔚县古称蔚州，又名萝川，历史上是“燕云十六州”之一，有“京西第一州”之称。蔚县位于河北省西北部，东望京、津，南接保定，西倚大同，北临张家口市区，县域东西最大横距 74.55 千米，南北最大纵距 71.25 千米，总面积为 3 220 平方千米。蔚县下辖 11 个镇（蔚州镇、代王城镇、西合营镇、吉家庄镇、白乐镇、暖泉镇、南留庄镇、北水泉镇、桃花镇、阳眷镇、宋家庄镇）、11 个乡（下宫村乡、南杨庄乡、柏树乡、常宁乡、涌泉庄乡、杨庄窠乡、南岭庄乡、陈家洼乡、黄梅乡、白草村乡、草沟堡乡），县政府驻地为蔚州镇。蔚县是河北省“综合改革试验县”之一、张家口市 4 个“窗口县”之一，也是国家扶贫开发工作重点县。蔚县是“中国文化先进县”“中国民间艺术之乡”“中国剪纸艺术之乡”“中国最佳民俗文化旅游城市”“中国仁用杏之乡”。截至 2018 年年初，蔚县有国家级历史文化名镇 2 个、省级历史文化名镇 3 个，国家级历史文化名村 2 个、省级历史文化名村 15 个。蔚县拥有全国重点文物保护单位 21 处，入选中国传统村落名录的村落有 37 个。

第一节 暖泉镇

暖泉镇位于蔚县西部，与山西省广灵县接壤，因有恒温泉水而名“暖泉”。全镇下辖 16 个行政村，镇域面积为 57.3 平方千米。暖泉镇历史悠久，文化底蕴深厚，文物古迹众多。2003 年，暖泉镇被河北省文学艺术界联合会、河北省民间文艺家协会授予“古居民俗之乡”的称号；2005 年，经建设部、国家文物局评选，暖泉镇入选第二批中国历史文化名镇；2006 年，暖泉镇西古堡、华严寺被国务院确定为全国重点文物保护单位。

暖泉古镇

（一）镇域概况

基本情况 暖泉古镇地处壶流河畔，紧靠石门峪口，交通便利。古镇历史悠久，明清时就有“三堡六巷十八庄”之说，其中三堡分别为西古堡、中小堡和北官堡。镇内除保留着村落古堡外，还保留着一条完整的商业街，故暖泉古镇是北方地区农耕商贸古镇的典型实例。该镇现有保存较好且观赏、研究价值较高的明清风格的古民居 200 多处，古式房屋 2 469 间。其中西古堡的古民居建筑群最为典型，最具有代表性。

历史沿革 暖泉古镇历史悠久，从在壶流河谷地发现的旧石器时代遗址和众多的新石器时代遗址等考古资料可以推溯，早在两万多年前的旧石器时代晚期，已有人类在暖泉古镇一带定居生活。有史料记载，暖泉古镇在尧、舜时期属冀州，商周时期属代国。秦、汉、三国、两晋时，其均属代郡，镇西现存高大的封土汉墓群，埋葬着当年的官僚显宦。五代十国时期暖泉一带是汉族与少数民族争夺之地，元朝建镇，明清时发展为“三堡六巷十八庄”的格局，从此暖泉古镇成为蔚县西部的交通枢纽和商贸中心。

（二）空间格局

目前，暖泉古镇内的建筑及道路网络都基本保持原始格局，3 个村堡中以西古堡和中小堡保存最为完好，北官堡保存较差。商业街的建筑均保持原有的建筑形制，但大多改变了原有的使用功能，在西街有近 100 米的古商业街铺面保存较好。暖泉古镇的总体布局见图 1-1-1。

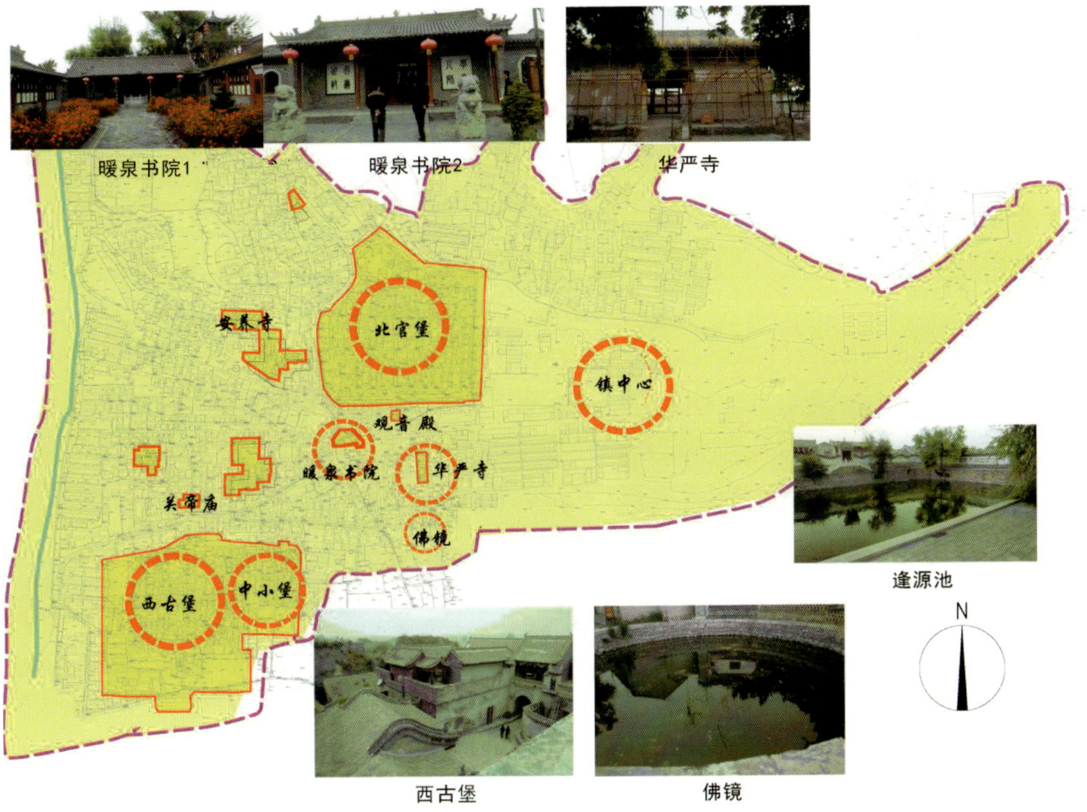

图 1-1-1 暖泉古镇总体布局

（三）物质文化遗产

暖泉古镇有大量的明清民居、书院及各类庙宇殿庵，如华严寺、白衣庵、地藏寺、观音殿、关帝庙、五道庙等。目前这些公共建筑大多已毁坏，仅保留了一小部分。与建筑共存的还有匾额、木对联、砖门头、木雕、石雕、灰塑、墙饰、石碑等，还有和人们生活息息相关的多种多样的日用家具、器物等。

1. 传统民居

暖泉古镇有保存完好的村、堡、街、巷。住宅的规模有大有小，一般由院落组成，正房以朝南居多。小型住宅一般只有一个院落，由正房、东西厢房和倒座房围合而成。规模稍大的住宅有两进院落、三进院落等，有的住宅院落横向并列，再前后串联，其间以院门、巷道或过厅相连。现存规模较大的住宅为西古堡的东楼房院（四进院落）、西楼房院（四进院落）和张家九连环套院。全镇共有九连环套院、四连环套院 6 处，分别为九进九出和四进四出，前出廊，后抱厦，多个院落相互贯通；各房各院尊卑分明，功能齐全；房屋均为青条基石、歇山起脊屋顶、青砖灰瓦、木制格窗，油饰彩绘，用材考究，工艺精细，砖雕、木雕、石雕随处可见。古镇传统民居见图 1–1–2。

图 1–1–2　传统民居（组图）

2. 公共建筑

（1）华严寺。华严寺（图 1–1–3）为全国重点文物保护单位，俗称大寺，始建于明建文元年（1399 年），占地面积为 3 400 平方米。大殿庄严雄伟，气势恢宏，堪称蔚州佛教巨刹。大寺前院的天王殿和钟鼓楼早年已损毁，现存过殿、大雄宝殿、东西配殿、禅房等古建筑。过殿为单檐歇山筒瓦顶，面阔 3 间，进深 2 间，正脊为砖雕花脊，有牡丹、向日葵等图案，斗拱为单昂四铺作，梁枋等木架均有油饰彩绘。殿内天花基本完好，中部为盘龙图案，东西部为凤凰图案，四角为白鹭图案。

正殿（大雄宝殿）比过殿规模更大，为单檐歇山筒瓦顶，面阔 5 间，进深 3 间，外檐置重昂五踩斗拱，正脊和边脊均为砖雕花脊，图案与过殿相同。殿内原有 4 米高的释迦牟尼佛、阿弥陀佛、药师佛三尊佛像及大量的悬雕小佛像，均已被毁，只有珍贵精美的壁画和天花图案尚存。大殿顶部的五踩斗拱和砖雕花脊很有研究价值。后院内建有东西配殿各 3 间，为硬山筒瓦顶，有五脊六兽，均为卷草花脊，砖木雕饰华丽精美。

（2）古戏楼。古戏楼（图 1–1–4）位于西古堡南瓮城内，坐南朝北，紧挨瓮城南土墙垣。其下部为砖砌台基，1 米余高。戏楼为硬山卷棚筒瓦顶，面阔 3 间。两侧各有耳房 1 间，与戏楼后台连为一体，其进深略短，卷棚顶高度略低。

（3）地藏寺。地藏寺（图 1–1–5）位于暖泉镇西古堡南瓮城内，分南北两个院落，前院（南面）为 1 层建筑，主院（北面）为 2 层建筑。前院东侧有一座砖雕仿木垂花门，作为地藏寺入口，由此进入前院。前院东西两侧为僧房，为硬山筒瓦单坡顶，西侧紧靠堡墙。前院

大雄宝殿外侧

斗拱细部 1

斗拱细部 2

过殿翼角

屋檐

过殿

后院

图 1-1-3 华严寺

图 1-1-4　古戏楼

地藏殿

鬼王殿

图 1-1-5　地藏寺

正南是一座精美的砖雕影壁，紧临堡墙，影壁正中雕刻二龙戏珠，下为须弥座，顶部为仿木檐帽，雕刻十分精美。穿过影壁正对的北面的砖券大门就进入了主院。主院底层为 10 余间砖砌窑洞，外墙做仿木出檐。2 层建筑均为硬山筒瓦顶，前檐施彩画，正殿为地藏殿，坐北朝南，面阔 5 间，中间 3 间带前廊。东西厢房各 5 间，为十殿阎君殿，东厢房悬挂“果报分明”牌匾，西厢房悬挂“惩恶扬善”牌匾。南房 3 间为鬼王殿，殿门上方悬挂“面然心慈”牌匾，东西两侧建有钟鼓楼。

（4）暖泉书院。暖泉书院（图 1-1-6）又名王敏书院，由元朝工部尚书王敏修建，开京西书院之先河，对蔚县后世人才辈出有积极深远的影响。书院内的书屋面阔 5 间，坐北朝南，为硬山筒瓦顶。书屋前接凉亭，为 3 开间，卷棚顶，凉亭下有石砌八角形水井一眼。正房后为一方形泉池——逢源池。书院东北角建有魁星楼，1 层为砖砌基座，2、3 层为木结构，平面为方形，层层内收，屋顶为四角攒尖顶。

3. 历史环境简介

（1）古堡。暖泉镇有北官堡、西古堡和中小堡三个互为犄角的城堡，形成“三堡六巷十八庄”的格局，军事意义重大。西古堡和北官堡规模较大，中小堡规模略小。北官堡建造年代最早，是明朝官府驻军屯兵之处，堡内地形复杂，大堡套小堡形成双层防线，古粮仓、古暗道分布其间。坚固的堡墙、高大厚实的歇山顶堡门楼，雄伟庄严，无不透出一种坚关严堡的军事气息。西古堡建于明代，后有增建，为全国重点文物保护单位，集城堡、戏楼、寺院、宅院等于一体，瓮城形制别具一格，显示了当时工匠高超的技艺水平。

（2）暖泉。暖泉泉水一年四季恒温，寒冬腊月水面积汽如蒸，三伏盛夏泉水清凉，有冬暖夏凉之感，“暖泉”之名正源于此。古镇的暖泉水源共有两处：一处是位于暖泉书院正房后的逢源池，它是边长为 26 米的方形泉池，东西两侧各有一石券门；另一处是位于暖泉书院东南侧华严寺前的圆形水池——佛镜，距逢源池有 300 米的距离。

魁星楼

逢源池

入口

王敏书屋

棂星门牌楼

图 1-1-6 暖泉书院

北官堡村

（一）村落概况

基本情况　北官堡村位于暖泉镇东北部，地处太行山、燕山、恒山三山交会处，占地面积为 4.36 平方千米。村子紧靠壶流河水库，南有玉泉山。村内卢家小堡和北官堡形成“堡套堡”的格局。堡墙为黄土夯筑，堡西和堡南建有结构独特的西堡门和高大歇山式的南堡门，堡内古地道四通八达，现保存完好。北官堡村是暖泉镇规模最大的村落，也是建成年代最早的古堡之一，其在 2012 年被列入第一批中国传统村落名录。北官堡村的村落环境见图 1-1-7，街巷空间见图 1-1-8 和图 1-1-9，民居鸟瞰见图 1-1-10。

历史沿革　历史上先有卢家小堡，后有北官堡。卢家小堡位于北官堡西北部，始建于元代，明代时人口增多，人们的居住范围扩大，后因防御需要，将卢家小堡扩建为北官堡，用于驻军屯兵。

（二）空间格局

古堡内的街道呈“主”字形结构。由南堡门向北，有一条笔直的主街，两侧民居呈鱼骨状分布，越往里走地势越陡。在西北端高高的黄土坡上坐落着规模不大的卢家小堡，其与北官堡形成了蔚县古堡的一大特色——堡套堡。北官堡为屯兵而建，修有地道，经过整修的地道如今又现当年风采。地道分为上、中、下 3 层，内设多条通道，蜿蜒曲折，可用来运输粮食、水等生活必需品。

图 1-1-7　村落环境

图1-1-8 街巷空间1(组图)

图1-1-9　街巷空间2（组图）

图1-1-10 民居鸟瞰（组图）

（三）物质文化遗产

1. 传统民居

北官堡村现存的古建筑以传统民居为主，大多为 1 层，少数为 2 层。屋顶的样式有双坡顶、单坡顶和平顶 3 种形式。其中，双坡顶和单坡顶所占比例较大。现有民居多建于明末清初，为砖木结构，风格古朴，建造考究。这些民居多采用木制格窗、青条基石、白灰青砖筒瓦、木雕彩绘，房顶起脊设吻兽，且有对巷不开窗的习俗（此与战事攻防有关）。从布满岁月痕迹的老宅院依稀可见当年的繁荣景象。村中传统民居分布见图 1-1-11，特色民居见图 1-1-12，建筑装饰见图 1-1-13。

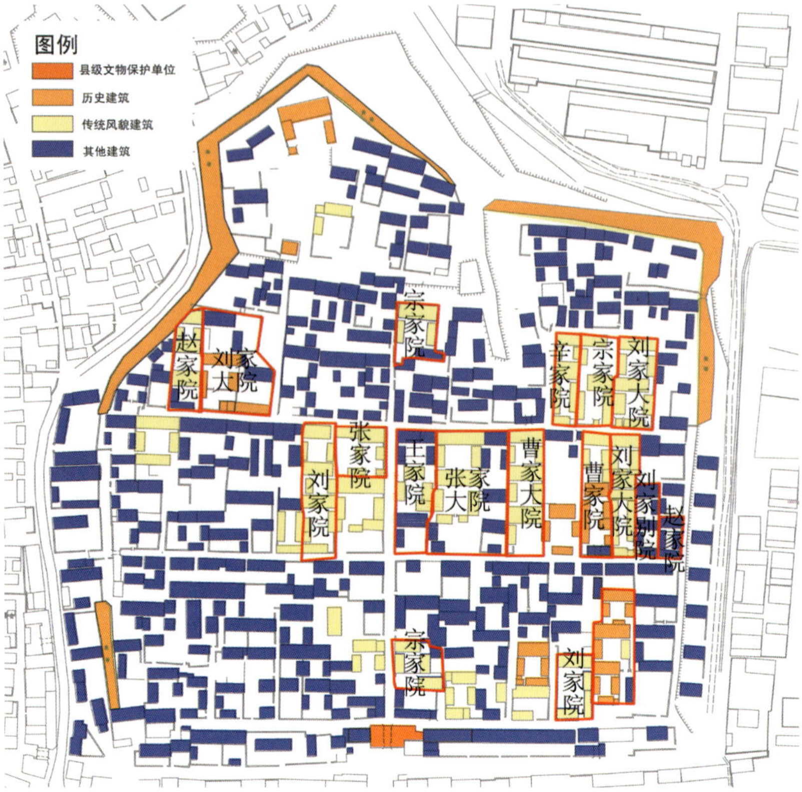

图 1-1-11　传统民居分布

民居大门

特色小院

图 1-1-12　特色民居

图1-1-13 建筑装饰（组图）

刘家大院（图 1–1–14）位于堡内西北部，为两进院，有 5 间正房，第一进院正房的中间为过厅，通往第二进院。屋顶是典型的卷棚筒瓦顶，屋檐插椫，这样的房屋结构起到了冬暖夏凉的作用。在古代“椫”字也寓意家里人旺、财旺。

砖雕

正房

图 1–1–14　刘家大院

2. 公共建筑

（1）观音殿。观音殿（图 1–1–15）修建于明代，位于南堡门外，面朝堡门及堡内主街。殿内有一尊坐南朝北的观音菩萨像。

（2）南堡门。南堡门（图 1–1–16）始建于明代初期，砖石砌筑的堡门上有保存较好的歇山式堡门楼。堡墙上的大片铁锈是几百年来打树花留下的印记。

（3）三清阁。三清阁建于明代，位于卢家小堡堡门（图 1–1–17）上，堡门下方为砖券门洞。建筑为硬山筒瓦顶，面阔 3 间，面朝堡内。该殿阁造型古朴典雅，有我国道教三清元始天尊、灵宝天尊和道德天尊的彩绘画像，东西两壁绘有道教故事壁画。此壁画尤为珍贵，展示了道教的起源与发展，体现了道家的哲学观、养生观、道德观，有着深厚的历史底蕴，是道家文化的珍宝，也是我国现存文化遗产的瑰宝。

图 1–1–15　观音殿

南立面

北立面

图 1-1-16 南堡门

堡门门额

三清阁山墙装饰

正面

图 1-1-17 卢家小堡堡门

（4）魁星楼。魁星楼（图 1-1-18）修建于明代，建在北官堡门楼之上。楼上有魁星的塑像，只见他手拿着一支笔，笔尖指向堡内。当地传说魁星的笔点到哪里，哪里就出状元。此楼取“魁星点斗”之意，愿堡内多出文人，为堡争光。

（5）五道庙。五道庙（图 1-1-19）位于堡内东北方，为硬山筒瓦顶，檐下施彩绘。庙内供奉着五道神，有保一方安宁之意。门前对联“汤王驾前忠良将，太公封过五道神”道出了五道神的来历。

魁星楼翼角

魁星楼侧面

图 1-1-18　魁星楼

图 1-1-19 五道庙

3. 历史环境简介

村中的古代遗迹分布见图 1-1-20。

（1）券门。村内的特色券门（图 1-1-21）为砖砌拱券，长 5 米，宽 3 米，高 4 米。

（2）堡墙。堡墙目前仅留残垣，见图 1-1-22。

图 1-1-21 特色券门

图 1-1-20 古代遗迹分布

图 1-1-22 堡墙存留的残垣

西古堡村

（一）村落概况

基本情况　西古堡村俗称“寨堡”，地处中国历史文化名镇暖泉镇内。当地土地肥沃，水资源丰富，吸引了大量人口定居，逐渐成为村堡。西古堡村紧临壶流河，西接山西大同广灵县。该村特色产品有宫灯、剪纸、辣椒油、豆腐干等。西古堡村于 2012 年被列入第一批中国传统村落名录。

历史沿革　明嘉靖年间，为防匪患，人们在此处修建古堡。初建时古堡仅有一南门，明末清初扩建、续建，清顺治年间建北门，并在南、北门处增建两座瓮城。从整个古堡的构造来看，其具有相当强的军事防御能力，是古蔚州八百城堡中比较独特的一例。

（二）空间格局

西古堡村的古堡平面呈方形，边长 230 余米，堡墙用黄土夯筑，墙外凸出土筑马面，高约 8 米。南、北两座瓮城的内城门对峙，形成 1 条主街，东西方向各有小街 3 条，沿堡墙内侧有一周“更道”，由此形成西古堡村“国”字形的特殊形制。西古堡村的村落环境见图 1-1-23，南瓮城鸟瞰见图 1-1-24，街巷空间见图 1-1-25 和图 1-1-26。

（三）物质文化遗产

从清代开始，蔚县地区“二百余年风鹤无警，驿马不惊”，本是防御工事的瓮城渐渐成了庙宇集中之处。西古堡南瓮城内有地藏殿、鬼王殿、阎君殿、三义殿、马王庙、观音殿等 6 座庙宇，此外还有戏台一座、鼓楼两座以及僧寮数间。

南瓮城内部建筑分上、下两部分，下层大部分为砖券仿木结构，上层多为砖木结构。南瓮城中，观音殿坐落于堡

图 1-1-23　村落环境

门上方，西为地藏寺院落，东为三义殿院落。观音殿坐南朝北，面向城内，为硬山筒瓦顶，面阔 3 间，前出抱厦，抱厦两边为钟鼓楼。瓮城西部为地藏寺，包括地藏殿、阎君殿、鬼王殿等，它们于瓮城西北部倚堡墙自成一座 2 层的四合院，此四合院与其南边小院共同组成地藏寺。

南瓮城观音殿东部的三义殿、马王庙北靠堡墙，与西侧观音殿、东侧 3 间僧寮围成一个三合院，院内方砖铺地，院南为砖砌花垒墙，下层为一小院落，砖砌围墙，正南辟一砖雕门楼，上部为砖仿木出檐，有精美的五踩斗拱，正房入口为砖券式，上有仿木出檐。观音殿和三义殿见图 1–1–27。

1. 传统民居

西古堡村现存明清古民居院落约 180 处，其中较大的连环套院有 6 处，规整的四合院有 50 处，具有观赏、研究价值的古民房有 246 间，如东、西楼房院，苍竹轩，知县故居，张帮奇故居，九连环套院等。这些民居全部为砖木结构，采用木制格窗、木雕彩绘、青条基石、白灰青砖筒瓦，安置脊兽，虽经多年风雨侵蚀，但其斑驳的墙壁、美丽精致的砖雕木刻、古朴典雅的油饰彩绘仍能展现出当年的风采。

（1）九连环套院。九连环套院（图 1–1–28）不仅院院相通，尾尾相连，而且有多个可通街通巷的大门。

（2）苍竹轩。苍竹轩（图 1–1–29~ 图 1–1–31）有前、后两进院落，做工极为精细，木雕、石雕、砖雕一应俱全，如门窗木雕、檐柱砖雕、门外上马石及抱鼓石上的石雕等。雕刻的图案除了花鸟鱼虫外，还有鹿、鹤等，据说是寓意“鹿鹤同春”，以祝福宅子主人青春永驻。苍竹轩古韵十足，既显豪华，又显典雅，有较高的文化品位。

图 1–1–24　南瓮城鸟瞰

图 1-1-25　街巷空间 1

堡门前巷道

东巷

更道

图 1-1-26 街巷空间 2

图 1-1-27　南瓮城观音殿、三义殿

大门

院内

图 1-1-28　九连环套院

大门

沿街立面

主院

图 1-1-29 苍竹轩

图1-1-30　苍竹轩局部（组图）

（3）西楼房院和东楼房院。西楼房院（图 1-1-32）和东楼房院原是当地大户人家董汝翠夫妇的住房，分别由四进院落（车马院、长工院、管家院和主人院）组成，坐北朝南，最后一进的正房是 2 层楼，故称“楼房院”。楼房院在设计上充分显示了“尊卑有序”的理念。东楼房院（图 1-1-33）是暖泉镇现存规模最大的住宅，宅门为广亮大门，深邃气派。四进院落向内逐渐抬升，第四进院落的正房位于整个宅院的最高处，面阔 5 间，原为 2 层，1981 年维修时改建为 1 层。两侧厢房为单坡顶，外墙高耸封闭，内部形成安全、防风、舒适的生活空间。

图 1-1-31 苍竹轩雕刻（组图）

门楼

庭院空间

门楼木雕

门楼砖瓦雕饰

图 1-1-32　西楼房院

门楼木雕 1

2. 公共建筑

西古堡村的公共建筑保存较好，主要有南部的地藏殿、观音殿、三义殿、马王庙、双耳戏楼、南瓮城和北瓮城等。

（1）仓库。仓库（图 1-1-34）在清代用于储藏粮食。其门楼形式独特，砖券门洞两侧有紧贴外墙的方柱一对，门楼立面顶部为三角形，有弧形线脚装饰。

（2）钟楼和鼓楼。钟楼和鼓楼（图 1-1-35）一般成对而设，采用木构瓦顶。

（3）三义殿。三义殿（图 1-1-36）位于南瓮城观音殿东侧，坐北朝南，为硬山筒瓦顶，面阔 3 间，进深 2 间。

门楼木雕 2

门楼

门当

沿街立面

图 1-1-33 东楼房院

门楼立柱

门额砖雕

门楼顶部砖雕

门楼

图 1-1-34 仓库

钟楼

鼓楼

图 1-1-35 钟楼和鼓楼

图 1-1-36 三义殿

图 1-1-37 西古堡堡墙

3. 历史环境简介

（1）堡墙。西古堡堡墙（图 1-1-37）平面呈方形，边长约 230 米，高约 8 米，为黄土夯筑，墙外凸出土筑马面。

（2）堡门。西古堡村北堡门（图 1-1-38）为砖券门洞，堡门厚重宏伟，除作为军事设施外，上部还建有庙宇。

图 1-1-38 北堡门

第二节 代王城镇

代王城镇位于河北省张家口市蔚县县城东北部、壶流河南岸，镇域面积为 63.2 平方千米，全镇有 30 个行政村。

代王城古镇

（一）镇域概况

基本情况　代王城古镇位于蔚县县城、西合营镇之间，在蔚县城东偏北约 15 千米处。壶流河（古称祁夷水）由西南向东北绕城而过，镇北为浅山丘陵区，镇南 15 千米处，恒山余脉由晋入冀，形成古城的一道天然屏障。山区分布着众多的古关隘，其中最为著名的“太行八陉”之一的飞狐陉位于镇南，地势险要，为历代兵家必争之地，亦是连接冀中平原与塞外的通商枢纽。

代王城古镇于 2014 年被评为中国历史文化名镇。代王城古镇包括四堡、四庄、四街及 3 个行政村（马家寨、北门子、城墙碾）。四堡分别为南堡、东堡、大堡和西堡，四庄分别是东南庄、小东庄、西庄和辛庄，四街为东、南、西、北 4 条商贸街。环绕代王城古镇的汉代城垣为代王城遗址，其被国务院批准列入第五批全国重点文物保护单位。代王城墓群（汉）、代王城三面戏楼及财神庙、龙王庙为河北省文物保护单位。目前镇内县级文物保护单位有 10 处，分别为大堡、东堡、西堡、小堡城、地藏寺、财神庙、观音庙、郝杰故居、龙王庙、刘家药铺，此外还有未定级的有重要价值的历史遗存 60 余处。

历史沿革　在夏商之后的西周，我国北方游牧民族代戎在以今蔚县为中心的一片土地上建立起了奴隶制国家——代国，代王城便是其国都。后汉高祖立其兄刘喜为代王，驻在此地。汉代以后，此区域的经济、文化、军事中心一直在代王城。

（二）空间格局

代王城古镇有九门，分别为荣阳门、兴隆门、宝源门、迎海门、富农门、文胜门、兴圃门、钟秀门和崇德门，现今出入镇区的主干道依旧为战国到汉代时期修建的古道路。代王城古镇的环境见图 1-2-1，街巷空间见图 1-2-2。四堡、四庄及 4 条商贸街由于其历史、文化渊源不同，均保存了各自独特的风貌，反映出明清时期农耕、商贸、宗教文化的多元性。4 条集市贸易街呈“口”字形分布，历史上沿街皆为商肆。庄、堡围绕街区分布，北部为三堡一庄，由东向西分别为东堡（属代三村）、大堡（属代二村）、西堡（属代一村）和西庄（属代一村），其余一堡三庄分别为位于镇正南的南堡、位于镇东南的东南庄、位于镇正东的小东庄和位于镇西南的辛庄。

图 1-2-1　古镇环境

图 1-2-2 街巷空间（组图）

（三）物质文化遗产

1. 传统民居

代王城古镇现存明清古民居院落近 70 处，以一进四合院为主，房屋为砖木结构或土木结构，屋顶多为硬山布瓦顶、卷棚顶，正房一般为 3 间或 5 间，东西两侧设置厢房，采用木制格窗，风格古朴。民居院落较为宽敞，多植有树木，有些院墙点缀有砖瓦砌筑的花墙。村内的传统民居见图 1-2-3，传统民居细部见图 1-2-4，传统民居上的木雕见图 1-2-5。

镇内比较有代表性的为西堡街 4 号民居，见图 1-2-6 和图 1-2-7。该民居位于西堡街西侧，为一进院落，大门位于院子东南角，内侧正对一座影壁，正房坐北朝南，面阔 5 间，最为高大，东西厢房各 3 间，屋顶均为硬山筒瓦顶，卫生间位于院子西南角，内院宽敞，种有绿植。

图 1-2-3　传统民居（组图）

图 1-2-4　传统民居细部（组图）

图 1-2-5 传统民居上的木雕（组图）

大门

门楼

内院

图 1-2-6 西堡街 4 号民居 1

东厢房

西厢房

正房

东厢房檐口

影壁

厕所

图 1-2-7　西堡街 4 号民居 2

2. 公共建筑

（1）地藏寺。地藏寺（图 1-2-8~ 图 1-2-10）位于大堡北侧 100 米左右，建于明代，坐北朝南，由南向北依次有门楼、供佛厅、地藏殿 3 座主要建筑。地藏寺门楼为硬山双坡顶，立于砖砌台阶之上，旁边立有一块石碑，在斑驳的石面上还可分辨出有关地藏寺修建的文字记载。过了门楼，继续拾级而上便到达供佛厅，其平面为正方形，开间、进深均为 3 间，四面开敞无墙，为卷棚歇山筒瓦顶，屋顶翼角轻盈飘逸。地藏殿紧临供佛厅，面阔 3 间，为硬山双坡筒瓦顶，正脊中部有白色塔状雕塑，石柱下设有鼓形柱础，殿内正中供奉地藏王菩萨，内墙壁上绘有精美壁画。大殿左、右两侧耳房较为低矮，为后建建筑。地藏寺基座较高，四周环有砖砌围墙，虽然规模不大，但较为精致，主要建筑沿中轴线有显著升高之势。

大门

地藏殿殿门

远景

全景

地藏殿背面

图 1-2-8 地藏寺 1

正面

侧面

图 1-2-9 地藏寺供佛厅

图 1-2-10 地藏寺细部（组图）

（2）财神庙。财神庙（图 1-2-11 和图 1-2-12）的沿街门楼为硬山筒瓦顶，面阔 3 间，檐下木构皆施彩绘。正殿位于高起的基座之上，坐东朝西，面阔 3 间，为硬山筒瓦顶，正脊中间有塔状雕塑，两端有脊兽。正殿两侧有耳房，其为硬山卷棚顶。北耳房旁边为财神庙侧门，门上有吉祥匾额。东、西厢房为卷棚筒瓦顶，均为 3 开间。

正殿彩画

正殿

门楼

图 1-2-11 财神庙 1

外墙

脊兽

门楼雕刻 1

门楼雕刻 2

侧门

正殿内部梁架

图 1-2-12　财神庙 2

（3）三面戏楼。三面戏楼（图 1-2-13）俗称乐楼，兴建于明末清初。戏楼对面通常都建有庙宇。这座三面戏楼位于镇中心的广场上，坐西朝东，东面隔一宽敞平地与财神庙相对，南面隔一条街道有一座灶王庙（现已毁），北面稍远为龙王庙。戏楼台基高约 1.3 米，平面呈方形，面阔 3 间，进深 3 间，屋顶为卷棚歇山顶。戏楼三面台口均有挡板，平时封闭，演戏时取下。每逢农历九月十七演员们在戏楼中以东为主向演戏，酬谢财神；农历六月初八则以北为主向演戏，酬谢龙王爷；农历七月十三则以南为主向演戏，酬谢灶王爷。三面戏楼现已被确定为河北省文物保护单位。

正面

侧面

图 1-2-13 三面戏楼

（4）观音堂。观音堂（图 1-2-14）建在 1 米多高的台基之上，门楼两侧建有钟鼓楼，后部为正殿，皆为硬山筒瓦顶，屋顶有脊兽。

（5）五道庙。五道庙（图 1-2-15）坐北朝南立于台基之上，面阔 1 间，单坡硬山筒瓦顶，正脊有吻兽，大门正上方悬挂黑色牌匾，上书金字“五道庙”，庙前西侧立有一座功德碑，东侧有一座钟楼。

（6）观音殿。观音殿（图 1-2-16）正对西堡街，坐落于 1 米多高的台基上，为砖木结构，面阔 3 间，双坡硬山筒瓦顶。它实际上是背靠背的两庙相连，北侧为观音殿，南侧为龙王庙，朝北的观音殿前出抱厦，作为庙门。

（7）刘把式药铺。刘把式药铺（图 1-2-17）位于代王城西街中部，在民国时期是一处闻名遐迩的自制丸散膏丹的药铺。药铺为砖木结构，建筑风格中西合璧，屋顶为硬山卷棚顶，正立面墙身较为高大，有若干方形壁柱，且有线脚装饰，门窗洞口的顶部皆为拱形，屋檐处有三角及拱券造型。

正面

门楼上部

屋顶脊兽

图 1-2-14　观音堂

正面

屋顶脊兽

正面

山墙

图 1-2-15　五道庙

背面（龙王庙）

图 1-2-16　观音殿

正面

侧面

图 1-2-17　刘把式药铺

3. 历史环境简介

（1）代王城遗址。代王城遗址（图 1-2-18）是春秋至汉代的古城遗址，位于代王城镇政府所在地周围，代王城古镇坐落在古城遗址之上。代王城遗址现存城垣保存基本完好，平面呈椭圆形，东西长约 3 400 米，南北宽约 2 200 米。城垣高 3~12 米不等，为夯土所筑，夯层清晰，夯窝较密集，个别地段夯层中砌放河卵石。在南门（荣阳门）两侧墙体有凸出的马面、角台共 11 座，宽 3~30 米不等，一般向外凸出 2 米左右，墙体内外遗存有成排的半圆孔，孔径 13 厘米，深 1~3 米不等。个别孔内仍存有腐朽糟木，是筑城时加固墙体结构、增强拉力、防止墙体坍塌所加木筋留下的痕迹。代王城遗址东南部有汉代大型夯土台基址，规模宏大。2001 年，代王城遗址被国务院批准列入第五批全国重点文物保护单位。

（2）代王城汉墓群。代王城汉墓群（图 1-2-19）为河北省文物保护单位，位于代王城古镇东南 1 500 米处，墓群所处地势平坦，系黄土质，现已开辟为农田。墓群占地面积约 8 000 平方米，原有封土墓冢 26 座，墓葬现存封土高 0.8~6 米，长、宽为 10~25 米不等。此处曾出土汉代陶器、五铢钱等。

图 1-2-18　代王城遗址

图 1-2-19　代王城汉墓群

石家庄村

（一）村落概况

基本情况　石家庄村隶属河北省蔚县代王城镇，坐落于蔚县中部，紧依县城，距蔚县城区约 2 千米。石家庄村占地面积为 4 万平方米，保存着大量明清及民国时期的建筑。村内的石家庄古堡最为有名。石家庄村西侧紧临南北向的飞狐古道，东侧为一条通往代王城商贸集市的道路，平面方正的石家庄古堡就位于两条古道中间，似被两根轿杆抬着，因此被形象地称为“轿子堡”。石家庄古堡边长约 200 米，四周夯土堡墙保存较好。

历史沿革　明成化年间，此处由史姓人建村，先取名“史家庄”，后变为“石家庄”。石家庄古堡始建于明正德十年（1515 年），落成于明嘉靖十年（1531 年），前后历时 16 个春秋，距今已有近 500 年的历史。清康熙五十八年（1719 年）和 1917 年其又经修葺。第 3 次文物普查发现在该村四周分布着大范围新石器时代的龙山文化遗址群，证实远在 4 000 年前这里就已有人类活动的踪迹。

（二）空间格局

石家庄古堡的平面呈方形，边长约 200 米。四周堡墙为黄土夯筑，南墙正中开门一座，门墩上建前后鸳鸯式堡楼一座，南供三官，北祀魁星。南堡门外西侧建有五道庙，东侧建有财神庙、关帝庙、马王庙，正北堡墙上建有真武庙一座。堡内南北向有 1 条主街道，东西向有 6 条小巷，呈鱼骨状分布。南北中轴线上分布着戏楼、堡门、真武庙 3 座公共建筑，它们虽在一条中轴线上，但均未对正。堡内沿鱼骨状街巷分布着 10 余处四合院式古民宅。石家庄村的村落环境见图 1-2-20，街巷空间见图 1-2-21，民居鸟瞰见图 1-2-22。

（三）物质文化遗产

1. 传统民居

石家庄村的历史源远流长，蔚州古城南街昔日耸立的“司寇大夫牌坊”就是明万历年间居于石家庄村的进士刑部郎中史东昌所立，县城内的史家大院、史家祠堂、史家巷等都是以石家庄村的史家命名的。目前村内古民宅现存 10 余处，多为明清时期所建。村内的传统民居见图 1-2-23。

村内住宅一般为一进或二进四合院格局，门楼均较大，为宽敞的广亮大门，便于农耕车辆出入。四合院多为单檐硬山卷棚单坡瓦顶。外院有长工、仆人居住的倒座房，反映了历史上村民主要以农耕为主的文化特征。住宅多采用木制框架承重结构，墙身由土坯填充，外包砖石。石家庄村保存了大量的砖雕、木雕、石雕、壁画、匾额等多种传统建造艺术，是研究古代建筑艺术的宝库。

图 1-2-20　村落环境

图 1-2-21　街巷空间（组图）

图 1-2-22 民居鸟瞰（组图）

2. 公共建筑

（1）倒座戏楼。堡门对面为倒座戏楼（图 1-2-24），与堡门隔街相对，为单檐六檩卷棚筒瓦顶，前台口东、西两侧置八字墙。门外东侧建有现代文化广场，现已成为村民的文化娱乐中心。

（2）真武庙。真武庙（图 1-2-25）坐落于村北堡墙正中，坐北朝南，与相距 200 米的南堡门遥相对峙。真武庙建于明代，几经修复，主体结构及布局仍为明代风貌。真武庙正殿坐落在砖砌堡台之上，台高 8 米，四周包砖，楼高 4.5 米，恢宏壮观。堡台前有一条长 19 米的砖砌台阶，共 42 阶，前置砖式小门楼。正殿面阔 3 间，进深 2 间，为单檐硬山筒瓦顶，正脊上有雕刻纹样，两端有脊兽，五架梁前出单步廊，前檐下置三踩斗拱，明间 3 朵，次间 2 朵，脊檩绘八卦图。明间置 4 扇六抹隔扇，次间置四抹槛窗（龟背锦窗棂）。正殿东、西分置钟鼓楼，均为单檐悬山筒瓦顶，有脊兽。

图 1-2-23 传统民居（组图）

图 1-2-24 倒座戏楼

正面

台阶

图 1-2-25　真武庙

3. 历史环境简介

南堡门（图 1-2-26）建于明嘉靖年间，有砖石拱券墩台，墩台外出“凹”形包砖阙台。面南为红砂岩石券，为一伏一券式，券上有门簪两枚，镶嵌石匾一块，石匾刻楷书“振德门”。门券内顶部开一方形孔，敌人火攻堡门时可往下倾注水以灭火，具有科学的防御功能。两侧凸出的墩台能有效地守御城下的各个角落。门内面北为青砖三伏三券，券上出一层伏檐，正中镶砖雕，阳刻行楷“石家庄”，左右门颊雕刻蹲兽、麒麟。墩台内东侧设登楼台阶，堡门上建有门楼，为单檐硬山筒瓦顶，正脊两端有脊兽，面阔 1 间，进深 2 间，正脊下设隔墙将内部空间分为两部分，北向供文昌帝君，南向供天、地、水三官，即尧、舜、禹。门楼上东建钟楼，西建碑楼，均为四柱单檐悬山筒瓦顶。

南面

碑楼

北面

图 1-2-26 南堡门

第三节 宋家庄镇

宋家庄镇位于河北省蔚县南部翠屏山下，距蔚县县城约 3 千米，西临下宫村乡，南与保定市的涞源县接壤。蔚涞公路纵贯镇域。其总面积为 304 平方千米，其中河川区面积为 135 平方千米，山区面积为 169 平方千米。全镇下辖 27 个行政村 (65 个自然村)，镇政府驻地为宋家庄村。

上苏庄村

（一）村落概况

基本情况　上苏庄村坐落于蔚县南部的南山脚下，距蔚县县城约 10 千米，占地面积为 36.37 万平方米，是蔚县历史上有名的八百庄堡之一。村落东南倚恒山余脉，西临南北走向的大沙河，东北地处莲花山水峪口，地形东高西低。2012 年，上苏庄村入选第一批中国传统村落名录。2014 年，上苏庄村被列入第六批中国历史文化名村。2008 年，该村的拜灯山民俗社火被列入第二批国家级非物质文化遗产名录。

历史沿革　上苏庄村的古堡非常有名。历史上，上苏庄古堡直属蔚县管辖，始建于明嘉靖二十二年（1543 年）。早在新石器时代这里就有人类活动，北魏时期上苏庄已经是蔚县境内一个人丁兴旺、生活富裕的村庄，但是当时的村址不在现在的庄堡之上，而是在现在村西的低洼之处，名曰“底村”。后因村落地势低洼，此处常遇山洪，加之常遭匪患，先民们于明嘉靖二十二年（1543 年）在原村东高处建造了新的村堡，取名“上苏庄”，寓意“上走复苏”。

（二）空间格局

上苏庄古堡内的古建筑规整方正，古堡四周以高大坚实的堡墙围裹，堡内民宅院落空间布局合理，所有建筑均为框架结构。上苏庄古堡内有南北和东西 2 条主街，南北主街长 138 米，宽约 3.6 米，北端为灯山楼，与东西主街的交口处有关帝庙，街道南端为三义庙。东西主街长 280 米，宽约 4.8 米，街道两侧为民居建筑。

俯视上苏庄村，其形状恰似打击乐器镛锣（用木框做架，界成若干方格，方格内挂有小铜锣）。东西、南北交错的街道是镛锣的框架，一处处方方正正的四合院好像一只只镛锣挂于框架之上，因此上苏庄古堡也叫“镛锣堡”。

大概是受“底村”时水患的影响，上苏庄古堡内的地形东高西低，落差很大，条条街巷都用山石铺就，泄洪十分方便。无论是大雨还是小雨，只要雨水一落地，很快就顺势流出堡外。街巷中的水流过一块块山石铺就的台阶式路面时总会发出“哗啦哗啦”悦耳动听的响声，因此人们又把上苏庄古堡内的街道叫作“响堂街”。上苏庄村的村落环境见图 1-3-1，民居鸟瞰见图 1-3-2，街巷空间见图 1-3-3。

图 1-3-1 村落环境

图 1-3-2 民居鸟瞰

（三）物质文化遗产

1. 传统民居

上苏庄村有明代民居 44 处，清代民居 22 处，民居的四合院大小不一，各具特色。有的是连环院，有的是里外院；有的素雅无华，有的雕梁画栋。像赵家大院、张家大院、郭家大院等宅院均规整方正、布局严谨，院内建筑左右对称、主次分明，既有精巧的艺术雕饰，又有质朴的农耕设施。村内建筑上处处可见精美的雕刻，这些雕刻虽历经沧桑，但仍能展现出建造者们高超的技艺。村内的传统民居以及建筑装饰见图 1-3-4~ 图 1-3-7。

图 1-3-3　街巷空间（组图）

图 1-3-4 传统民居建筑装饰（组图）

图 1-3-5 传统民居（组图）

（1）赵千大院。赵千大院正房（图 1-3-8）建在一层砖砌台基之上，为砖木结构，屋顶为硬山筒瓦顶。

（2）赵峰大院。赵峰大院（图 1-3-9 和图 1-3-10）为砖木土坯结构，建筑构件上有精美雕刻。其大门及正房屋顶为卷棚硬山筒瓦顶，东西厢房为硬山顶。

（3）郭建大院。郭建大院（图 1-3-11）庭院宽敞，由正房、西厢房、南房围合而成。正房规模较大，屋顶为卷棚硬山筒瓦顶，面阔 5 间。

图 1-3-6　传统民居瓦饰（组图）

图 1-3-7　传统民居大门（组图）

图 1-3-8 赵千大院正房

大门雀替

门上木雕 1

门上木雕 2

风门上的木雕

正房

图 1-3-9 赵峰大院

图 1-3-10　赵峰大院大门（组图）

西厢房

南房

外墙

正房

图 1-3-11　郭建大院

（4）郭立峰大院。郭立峰大院（图 1-3-12）为砖木土坯结构，门楼为硬山筒瓦顶，正房屋顶为卷棚筒瓦顶。

（5）袁文彩大院。袁文彩大院（图 1-3-13）的大门门楼为硬山筒瓦顶，正房屋顶为卷棚筒瓦顶，门窗已翻新。

2. 公共建筑

上苏庄村的庙宇殿寺众多，有风神庙、观音庙、五谷庙、五道庙、三义庙、井神庙、关帝庙、三元宫、阎王殿、释迦寺等，还有堡门、堡墙、灯山楼、古戏楼等，大都保存完好。

（1）堡门和堡墙。上苏庄村的堡门位于古堡北偏西处，坐南面北，为石基砖券，券高3.2米。门券上方嵌有青石匾额一块，上刻“上苏庄堡，明嘉靖二十二年仲秋吉日建”等字样。堡门上没有建筑物，堡门两侧用石垒土夯的方式塑造了一尖一方两个垛台，分别象征毛笔头和砚台，见图 1-3-14。堡墙为黄土夯筑，底宽 4 米，上宽 0.8 米，残高 5 米，周长 800 米，既可防范兵祸匪患，又可阻挡风沙洪水。现在除了南端墙体有破损外，大部分堡墙保存完好。

内景

大门

图 1-3-12 郭立峰大院

大门

内景

图 1-3-13 袁文彩大院

堡门外景

堡门内景

图 1-3-14　堡门

（2）灯山楼。拜灯山是上苏庄村流传 460 多年的民俗活动，在每年正月十四、十五、十六 3 天举行，延续至今。上苏庄村的灯山楼位于古堡南端，与堡墙相连，是明代建筑，后经多次重修，用于拜灯山、祀火神。该楼为单坡硬山顶，楼高 5 米，宽 2.5 米，进深 2 米；楼内设有台阶式木架 50 余层，用来放置灯盏，摆出字形。拜灯山祭祀时，灯盏被点燃，用纱帘遮挡，便可显现出灯火字画，朦胧闪烁，美不可言。灯山楼见图 1-3-15。

（3）关帝庙。关帝庙（图 1-3-16）为明代建筑，坐落于古堡中心地段的砖石平台之上，平台两侧有砖砌矮墙。关帝庙为砖木结构，面阔 3 间，屋顶为双坡硬山筒瓦顶，正脊上雕有图案，两端有脊兽，五檩四步，置前步廊。殿内供奉关帝画像，东西山墙彩绘关羽生平故事。廊上斗拱雀替完整，砖、木雕饰虽有残破，但清晰可辨。整座庙宇处于古民宅之中，紧临街巷，逢年过节香火不断。

（4）三元宫。三元宫（图 1-3-17~图 1-3-19）建造于明末清初，是上苏庄村最大的寺庙建筑，位于堡门外北端，与古戏楼相对，占地面积有 600 多平方米。三元宫原为二进院落，前院早已

外景

夜幕下的灯山楼

图 1-3-15　灯山楼

图 1-3-16 关帝庙

拆除，现前殿、后院、门楼、正殿、东西厢房保存完好。正殿（三清殿）为硬山筒瓦顶，面阔 3 间，进深 1 间，东西配有耳房，东西厢房各 6 间，为道士宿舍、伙房、客房等。正殿内供奉玉清元始天尊、上清灵宝天尊、太清道德天尊。前殿（三元宫）为硬山筒瓦顶，面阔 3 间，进深 2 间，殿内供奉天官、地官、水官。前殿和正殿均飞檐起脊，安置吻兽，斗拱雀替齐全，砖雕木刻精美，处处彰显着古建筑的艺术魅力。

（5）风神庙。风神庙（图 1-3-20）立于石基座之上，面阔 3 间带前廊，屋顶为硬山筒瓦顶，正脊装饰有雕刻纹样，两端有脊兽。

匾额

门楼

图 1-3-17 三元宫 1

前殿

三清殿

前殿东侧山墙

前殿背面

图 1-3-18 三元宫 2

图 1-3-19 三元宫建筑细部（组图）

图 1-3-20 风神庙

（6）观音殿。观音殿（图 1-3-21）为明代建筑，在古堡内西侧，正对堡门，建筑面积逾 40 平方米。门楼为硬山筒瓦顶，砖砌拱形门洞，门楼前方有不规则的弧形石砌平台。正殿为双坡硬山筒瓦顶，檐下施彩绘，面阔 1 间，进深 1 间；殿内正中供奉观音塑像，东西墙壁彩绘“红孩儿五十三参”的拜佛故事，塑像和彩绘极为精美，栩栩如生。

（7）古戏楼。古戏楼（图 1-3-22）是上苏庄村保存完好的典型古建筑，坐落于堡门外，坐南朝北，与三元宫相对，属明末清初建筑。古戏楼为硬山卷棚筒瓦顶，面阔 3 间，进深 2 间，通高 7 米，台基高 1.5 米。木制隔扇将舞台分为前台与后台。戏楼插枋布瓦，十分考究，楼前檐柱头以木雕龙头收边，额枋、雀替均为镂空雕饰。

（8）五道庙。五道庙（图 1-3-23）立于砖砌台基之上，面阔 1 间，屋顶为硬山筒瓦顶，檐下施彩绘。

正殿

山墙

远景

入口

图 1-3-21　观音殿

正面

山墙

图 1-3-22 古戏楼

远景

正面

图 1-3-23 五道庙

（9）三义庙。三义庙（图 1-3-24 和图 1-3-25）坐北朝南，建在高耸的基座之上，面阔 3 间，屋顶为硬山筒瓦顶，分长短坡，长坡朝南，短坡朝北。

（10）磨坊。磨坊（图 1-3-26）面阔 3 间，屋顶为硬山筒瓦顶，屋脊饰有脊兽，屋门设于次间。

（11）尚礼学堂。尚礼学堂（图 1-3-27）坐北朝南，为砖木结构，门楼为硬山筒瓦顶，檐下施彩绘，大门上方悬挂“尚礼学堂”匾额。院落内方砖铺地，有正房及东西厢房，卷棚筒瓦顶，木制门窗均涂饰红漆。

正面

近景

檐角

图 1-3-24　三义庙 1

侧面

背面

图 1-3-25 三义庙 2

图 1-3-26 磨坊

尚礼学堂门楼

大门

内景

图 1-3-27 尚礼学堂

第四节 涌泉庄乡

涌泉庄乡位于河北省蔚县西北部，属浅山丘陵区，距蔚县县城 6.8 千米，下辖 29 个行政村（35 个自然村），乡政府驻地为涌泉庄村。涌泉庄乡是蔚县拥有历史、人文和景观资源最多的一个乡，乡内的历史古迹有重泰寺、弥勒寺等。

北方城村

（一）村落概况

基本情况　北方城村位于蔚县城北约 8 千米处。该村正西濒沟壑，其余 3 面均为耕地。北方城村有古城池，古城池平面呈方形，整体规划方正匀称，故称“北方城”。北方城村自古以来交通十分发达，村南的一条古道是明清时期蔚县县城通往西北五岔关口的必经之路，也是“燕云古道”之一。该村有明清、民国时期的民宅、戏楼、庙宇、碾坊、堡门等古建筑，数量较多。2008 年，北方城村入选第四批中国历史文化名村。2012 年，北方城村被列入第一批中国传统村落名录。

历史沿革　据传，该村的村民最初由村东北的一个小堡迁徙而来，现村东北 100 米处尚存小堡城一座。小堡呈方形，坐北朝南，边长 30 米，黄土夯筑，马面尚存。堡内居住着白姓、赵姓和邓姓人家，他们的祖先均是在明洪武年间从山西洪洞县迁来此处的，后经休养生息，人丁繁衍，小堡已不适合居住，遂于旧堡西南另辟新城一座，取名“北方城”。现存的北方城古城池是蔚县众多古堡中保存完整、形制独特的一个范例。据村内现存石碑记载，该城始建于明万历四年（1576 年），后经清代重修、增建、扩建成今日的规模。

（二）空间格局

北方城古城池格局保存完整，城池平面呈方形，边长约 200 米，四周墙体用黄土夯筑，高 6 米，底宽 4 米，顶宽 1.5 米，收分明显。每面墙垣向外凸出两座夯筑的马面，四角有高大的角台；台上原筑有硬山角楼，面宽、进深均为 1 间，南墙二角楼坐北朝南，北墙二角楼坐南朝北，供平时打更报时、瞭望敌情之用，兼具防守作用。堡内有一街六巷，主街为南北纵轴线，其东西两侧各有 3 条主巷，构成了“丰”字形布局。在这条鱼骨形古街道周围，分布着明清古民居共 8 处。北方城村的主要寺庙建筑沿纵轴线分布在南低北高的街道上，最南端为倒座戏楼，戏楼东侧为龙王庙，南堡门隔街与戏楼相对；南堡门东为观音殿，西为地藏殿。入古城向北行至第二条街巷处，主街东、西各有一座建筑，东列财神庙，西配马王庙。继续沿街向北走约 50 米行至第三条街巷处，街正中建佛殿一座，佛殿向北约 30 米处的北城垣上建有一座真武庙，为古城北部的制高点。站在真武庙上，全村的景致尽收眼底。北方城村民居鸟瞰见图 1-4-1，村落环境见图 1-4-2，街巷空间见图 1-4-3，南堡门见图 1-4-4。

图 1-4-1 民居鸟瞰（组图）

图 1-4-2 村落环境

主街全景

西巷

（三）物质文化遗产

1. 传统民居

北方城村基本上保持了明代规划的“丰”字形布局，在鱼骨形古街道周围分布着明清古民居，保存较完整的共有 8 处，其中前后两进的四合院 5 处，单进四合院 3 处。民居多为砖瓦结构，也有少量土坯房，它们鳞次栉比，错落有致。村内的传统民居见图 1-4-5。民居的大门独具特色，如修复后的赵家大院大门见图 1-4-6。

邓家大院为村内典型的传统民居，其房屋为砖墙瓦顶，院子用青砖铺地，保存较好。其中正房有 4 间，最为高大，为卷棚筒瓦顶；东西厢房各 4 间，为单坡筒瓦顶。木制门窗古朴典雅，正房明间隔扇上饰有精美木雕。邓家大院见图 1-4-7。

主街南半部

东巷

图 1-4-3　街巷空间

远景　　正面

图 1-4-4　南堡门

图 1-4-5　传统民居（组图）

图 1-4-6　赵家大院大门

大门

内院

图 1-4-7　邓家大院

2. 公共建筑

（1）古戏楼。古戏楼（图 1-4-8）坐南朝北，为六檩卷棚筒瓦顶，面阔 3 间，进深 2 间，檐下施以彩绘。以金柱及木制隔扇分隔前后台，两侧设“出将”“入相”二门，后台东墙开一门，供演员出入用，门上题 3 个楷字——“清净室”。前台山墙上绘水墨戏画，墨书题记“临潼斗宝”“伍子胥举鼎”等。每年的农历六月人们都会在戏楼唱戏：农历六月十三，唱龙王爷的生日戏；六月二十，唱河神的生日戏，祈求风调雨顺，盼望五谷丰登。如今，这座戏楼依然在使用，逢年过节，村里都会请来剧团在这里唱大戏。

（2）真武庙。真武庙（图 1-4-9）为村内的主要建筑之一，坐落在北城垣上，由前、中、后三进院落组成，雄伟壮观。前院由砖雕小门、东西厢房组成。沿中轴线石砌台阶而上为第二进院落，由二门楼、正禅房等组成；再拾级而上为最后一进院落，四周有砖砌墩台，墙体收分明显，院落周围有花栏墙围护。院落正中为真武大殿，面阔 3 间，

古戏楼脊兽

正面

图 1-4-8　古戏楼

正面

修复后的山门

钟楼

正殿

墀头雕刻

图 1-4-9 真武庙

三架梁前出廊，为厅堂式结构，屋顶为硬山筒瓦顶，正脊两端有脊兽，且在正脊中间有戟形装饰。殿内东西山墙上绘有壁画，大殿南侧两端为一对悬山顶钟鼓楼。2008 年，北方城真武庙入选河北省第五批文物保护单位。

（3）财神庙与马王庙。村内南北大街上由真武庙向南 100 米处东侧建有财神庙（图 1-4-10），西侧配有马王庙。它们分列主街两侧（图 1-4-11），均为硬山筒瓦顶，面阔 1 间，进深 1 间，屋顶置卷尾鸱吻，前檐两侧槛墙上为一码三箭窗棂。

（4）地藏殿与观音殿。村内南堡门东、西两侧各建有一座小庙，西为地藏殿（图 1-4-12），东为观音殿，屋顶均为小式硬山筒瓦顶，正脊两端有脊兽，檐下施彩绘。地藏殿内绘地藏王菩萨及十殿阎君壁画。

（5）龙王庙。戏楼东侧为一座龙王庙（图 1-4-13），其坐北朝南，有正殿一座，为硬山筒瓦顶，屋顶正脊两端置盘龙大吻，面阔 3 间，进深 2 间，为正五架梁殿堂结构，梁架上有油饰彩绘，前檐额枋上绘青绿苏式彩绘，大殿东西山墙上保存有古代壁画，虽历经多年，但仍古朴典雅。

图 1-4-10　财神庙

图 1-4-11　财神庙和马王庙

正面

内墙壁画

前廊壁画

前檩雕龙

柱顶木雕

图 1-4-12　地藏殿

正面

檐口雕饰 1

内墙壁画

檐口雕饰 2

图 1-4-13　龙王庙

（6）三觉圆。三觉圆（图 1-4-14）建在村子的南北中轴线上，是一座佛殿，其名取自觉、觉他、觉行圆满之意。三觉圆坐北朝南，正面看为 3 开间，实为 1 开间。屋顶为硬山筒瓦顶，正脊两端有吻兽，檐下施彩绘，前廊柱下为鼓形柱础。三觉圆的背面为 45 度角斜放的方砖贴砌而成的影壁，影壁上方有一个方形神龛，正对村子北端的真武庙。

背面

正面

雕饰

图 1-4-14　三觉圆

第五节 南留庄镇

南留庄镇位于蔚县西部矿区，距蔚县县城 10.6 千米，境内天走线南北穿行而过，下广线、孟涞线及二级公路东西横贯，交通便利。以镇区中心南留庄村等村为分界，整个南留庄镇已初步形成了东粮、中城、西矿的产业格局。南留庄镇的南留庄村、水东堡村、水西堡村、白后堡村、曹疃村、史家堡村、单堠村、杜杨庄村、大饮马泉村、小饮马泉村、白河东村、白南堡村、白宁堡村、埚串堡村、白中堡村先后被列入中国传统村落名录。

南留庄村

（一）村落概况

基本情况　南留庄村是南留庄镇政府所在地，与山西省广灵县接壤，交通便利，市井繁荣。全村总面积约为 2.91 平方千米，其中耕地面积约为 2.42 平方千米，草地面积约为 6.7 万平方米。南留庄村内有古堡，古堡随地势建造，西北高、东南低，地面相对平整。古堡布局为“丰”字形结构，东西为“穿心堡”布局模式。2012 年，南留庄村被列入第一批中国传统村落名录。南留庄村的村落环境见图 1-5-1。

历史沿革　南留庄村有古堡。南留庄古堡一直隶属蔚州，位于壶流河谷地上游，因壶流河谷地发现了众多旧石器遗址，由此推溯，最晚在东周时期已有人类在这一带繁衍生息。据《蔚州志》记载：1 500 多年前（北魏太和年间），古堡西北 200 米左右处曾有一小村，仅住蒋、王二户，至今还留有残墙断壁。明永乐元年（1403 年），保定顺平门姓人家流落到此处定居，后来蒋、王二户也跟着搬了过来。因门姓人家由关南而来，故将此地取名为“南留庄”。

（二）空间格局

南留庄内建于清嘉庆年间的东、西两座堡门与四周的堡墙一起形成独特的“穿心堡”的空间布局。明代规划的“丰”字形路网格局延续至今。村内至今还保存着由明清和民国时

图 1-5-1　村落环境

期的建筑组成的经过规划、格局完整的建筑群。南留庄村的街巷空间见图 1–5–2，民居鸟瞰见图 1–5–3。

（三）物质文化遗产

南留庄村的建筑为典型的冀西北古建筑。现存建筑大多为清代和民国时期建造，建筑类型较多，具有代表性的有戏楼和大型民宅——门家九连环大院等。

1. 传统民居

村内民居一般为两进院或三进院的四合院，平面为长方形，建筑采用抬梁或穿斗式木构架，以青砖包土坯作为墙体。建筑装饰以砖雕为主，较多地体现在墀头、山面博风板、照壁等部位。

门家九连环大院（图 1–5–4 和图 1–5–5）是北方古民居宅院的明珠，占地面积约为 5 333 平方米，规模宏大，为古堡的标志性建筑。门家九连环大院沿正街共有 6 个出入口，沿北街另有 3 个出入口，共 18 个院落，大院套小院，正院携偏院，天井连天井，堂屋护耳房，院中有院，屋前有廊，步移景异，多个院落相互贯通，形成一个整体。每进院落都有一座富丽堂皇的门楼，每座门楼上都挂有横匾，横匾内容各异，彰显着这个院落

图 1–5–2　街巷空间（组图）

图 1–5–3　民居鸟瞰

的荣耀。其住宅的大门则按照大小等级分为广亮大门、金柱大门、蛮子门、如意门和随墙门等形式，广亮大门安装在门楼正脊之下，级别最高，最为宽敞。大院的主要房屋或为硬山顶，或为硬山卷棚顶。大院内随处可见做工考究的砖雕或木雕装饰。

院内巷道

门楼木雕

沿街立面

图 1-5-4 门家九连环大院

2. 公共建筑

（1）关帝庙。关帝庙（图 1–5–6 和图 1–5–7）建于古堡西堡墙垣上，为明代建筑，建筑面积为 264 平方米，由正殿、献殿、戏殿、钟鼓楼等组成。其亦有真武庙之单檐飞翅、硬山筒瓦顶，砖、木、石雕饰精致，彩绘精美。庙内供奉关帝，庙前竖立两根旗杆，庙门两侧横卧着一对雌雄石狮。

图 1–5–5　门家九连环大院局部（组图）

图 1–5–6　关帝庙入口

图 1-5-7　关帝庙正面

（2）古堡堡门。村内古堡的堡门见图 1-5-8，东西堡门上分别书有“定安门”和“宁远门”几个字。

（3）真武庙。真武庙（图 1-5-9）坐落于北堡墙垣上，为南留庄古堡的最高建筑，是整个村堡的制高点，能够在出现敌情时起到瞭望与守卫的作用。真武庙始建于明朝，清朝时重修。沿砖石台阶拾级而上，经硬山顶门楼到达真武庙，门楼两侧设有一对钟鼓楼。真武庙为硬山筒瓦顶，正脊两端有脊兽，砖、木、石雕饰做工精美，庙内壁画绘有人物、草木等内容。

东堡门（定安门）内侧

东堡门（定安门）外侧

西堡门（宁远门）内侧

西堡门（宁远门）外侧

图 1-5-8　堡门

正面

台阶

局部

山门

图 1-5-9　真武庙

（4）泰山庙。泰山庙（图 1–5–10）坐落于南留庄古堡东部堡墙外约 3 米高的砖砌高台之上，为明嘉靖二十三年（1544 年）建造，是该村占地面积最大的一座庙宇，建筑面积为 442.2 平方米，现存完好房间 12 间，院墙保存完好。正殿内供奉着泰山老母和四大天王，东西配殿内有十殿阎君雕像。各殿、庙、禅房均为砖木结构、硬山琉璃筒瓦顶，亦有砖木石雕和油饰彩绘。庙前有一座坐南朝北的戏楼，戏楼两侧各种植一棵平顶油松。

修复后

修复前

图 1–5–10　泰山庙

（5）古戏楼。南留庄古堡现存两座戏楼，一座位于泰山庙前，另一座则建于门家大院中轴线上主宅院正房背面。门家大院戏楼所处位置地势平坦，较主宅院高出两步青石台阶。最为独特的是戏楼亦可作为通往门家大院后院的过廊，北、西、东三面无墙，由明柱支撑，唱戏时关上门，再用木板盖在四角台基之上构成戏台。戏楼屋顶为卷棚式，上饰脊兽，三面出水。前檩正中刻有浮雕。泰山庙前的戏楼见图 1–5–11 和图 1–5–12。

图 1–5–11　戏楼内部

房檐局部 1

房檐局部 2

柱础 1

正面

柱础 2

彩绘木雕

侧面

图 1-5-12　戏楼

水东堡村

（一）村落概况

基本情况 水东堡村地处蔚县西北，在南留庄村西侧约 7 千米处，紧靠涌泉庄，村北有真武庙，村南有文昌阁、观音庙、老爷庙，村西有一座旧戏台。水东堡村古建筑保存较好，庙宇、街巷、老宅仍有古风古韵。

历史沿革 水东堡村始建于明朝，建村时，因村后有一条水涧子，故得名水涧子堡。随着人口不断增加，村民在周围陆续建了新堡，村东边的叫东堡，中间的叫西堡，最西边的叫小西堡，这 3 个堡呈“品”字形格局，攻守兼备。中华人民共和国成立后，东堡改名为水东堡村，西边两个堡合并为水西堡村。2013 年，水东堡村被列入第二批中国传统村落名录。

（二）空间格局

水东堡村地势北高南低，村内有古堡，平面呈方形，宽 109 米，长 114 米，规模较小。古堡四周为黄土夯成的土城墙，南北设有两座堡门，南、北堡门由一条主街连通，东西向有 3 条巷子，街巷呈“丰”字形布局。随着人口增多，堡外东、西两侧亦有人盖房居住，形成了既有堡又有庄的村落格局。水东堡村的村落环境见图 1-5-13，民居鸟瞰见图 1-5-14。

（三）物质文化遗产

水东堡村的物质文化遗产包括民居与公共建筑，目前保存较为完整的建筑主要为堡楼、观音庙、龙王庙等。

1. 传统民居

村内民居多为单层建筑，院落空间较大，部分地面由砖石铺设，屋顶为灰瓦坡顶，有木制花格式门窗，以青砖和土坯混合砌筑墙体，设有居室、仓库、伙房等功能用房。传统民居上的建筑装饰见图 1-5-15，常见的传统民居见图 1-5-16。

图 1-5-13 村落环境

图 1-5-14　民居鸟瞰

图 1-5-15　建筑装饰（组图）

图 1-5-16 传统民居（组图）

2. 公共建筑

水东堡村古建筑类型丰富，保存较为完整。现有古堡墙、古堡楼、古戏楼、观音庙、龙王庙、财神庙、马王庙、老爷庙（关公庙）、真武庙、文昌阁和文奎阁等古建筑。

（1）戏楼。戏楼（图 1-5-17）坐西向东，建在砖砌基座之上，屋顶为卷棚硬山筒瓦顶，面阔 3 间，进深 2 间，以木隔扇隔出前后台，后台侧墙开一小门，供演员出入。

（2）真武庙。真武庙（图 1-5-18 和图 1-5-19）建于清乾隆五十一年（1786 年），庙宇立在一个高台上，坐北朝南。高台外部全部用砖砌，墙体上窄下宽，收分明显。真武庙为硬山筒瓦顶，檐下施彩绘，面阔 1 间。庙内有真武大帝塑像，墙上有彩绘壁画，庙外立有石碑。高台南部东、西两边各建一座小角楼，由木柱支撑，为双坡筒瓦顶。

图 1-5-17 戏楼

图 1-5-18 真武庙全景

（3）南堡门。南堡门（图 1-5-20）建于清同治年间，堡门西侧设一小门，进入小门经数十级砖砌台阶，可径直登上堡门楼。堡门楼下方为砖石拱券门洞，堡门洞南面上方和门洞内上方均镶嵌一长方形石匾。堡门楼为硬山筒瓦顶，正脊两端有脊兽，面阔 3 间，进深 2 间，中间有一面墙，将其分为南、北两部分，朝南是文昌阁，朝北是魁星阁。主楼的东、西两侧设悬山式钟鼓楼，西楼吊一石鼓，东楼挂一铁钟。

（4）观音庙。水东堡门外建有观音庙，庙宇坐南面北，背面是龙王庙，院内配有东下房和南房，供储物用，形成了一座完整的四合院落。观音殿为硬山筒瓦顶，正脊两端有脊兽，面阔 3 间，内设供台。殿外配有东、西两座角楼，观音庙院子中间开正门，东侧开小门，见图 1-5-21。

正殿

南面

台阶

图 1-5-19　真武庙

图 1-5-20 南堡门

图 1-5-21 观音庙

（5）龙王庙。观音庙的背面为龙王庙（图 1-5-22），两者只有一墙之隔，面阔、进深全部相同。龙王庙坐北朝南，檐下施彩绘，庙内北墙和山墙上绘有彩色壁画，屋顶正脊上配有飞龙走兽，与观音庙一起形成了“内看两座庙，外看一座殿”的格局。

3. 历史环境简介

（1）古树。古树（图 1-5-23）位于南堡墙旁边，已经与古堡连为一体。古树高 8 米，冠幅 5 米，已有 200 多年的树龄，依旧郁郁葱葱。

（2）村民纪念碑。村民纪念碑位于村庄西部，用于纪念村子的形成，见图 1-5-24。

图 1-5-23　古树

正面

内院

图 1-5-22　龙王庙

图 1-5-24　村民纪念碑

水西堡村

（一）村落概况

基本情况 水西堡村位于蔚县县城西北部约 5 千米处，历史文化悠久。村内现存较完整的砖瓦结构古宅有 38 处、古寺庙 3 处、古戏楼 1 座。水西堡村的古堡地处丘陵地带，地势西高东低，北高南低，平面呈矩形，布局呈“丰”字形，南北两座堡门形成“穿心堡”格局。2013 年，水西堡村被列入第二批中国传统村落名录。

历史沿革 水西堡村的古堡建于明万历十三年（1585 年），最初因村后沟涧有水而得名水涧子堡，后增为东堡、西堡、小西堡，中华人民共和国成立后，西堡和小西堡合并为水西堡村。

（二）空间格局

水西堡村内的古堡平面呈矩形，南北长 180 米，东西宽 140 米。堡内呈“丰”字形布局，有南北主街道 1 条，东西街巷 3 条，巷内民居划分为整齐的 6 片。水西堡村的街巷空间见图 1-5-25，民居鸟瞰见图 1-5-26。

（三）物质文化遗产

古堡内古宅均为砖瓦结构，其中较大的连环套院有 3 处，另有堡门、戏楼、关帝庙等公共建筑。

1. 传统民居

堡内民居多建于明末清初，坐落于主街两侧，分布在整个古堡内，房屋均为砖瓦结构，采用青条基石、青砖筒瓦顶，房顶起脊，安置脊兽，房屋设木制格窗，饰木雕彩绘。

（1）董国安民居。董国安民居见图 1-5-27。

（2）王怀雨民居。王怀雨民居（图 1-5-28）为单层建筑，大门建有门楼，院落地面铺有青砖，屋顶为卷棚筒瓦顶。民居是典型的清代民居建筑，设有居室、仓库、伙房等功能用房。

图 1-5-25 街巷空间

图 1-5-26　民居鸟瞰（组图）

宅院

大门

图 1-5-27　董国安民居

2. 公共建筑

（1）南堡门。南堡门（图 1-5-29）上东西两端建有钟鼓楼各一座，居中的大殿朝南一侧为文昌阁，朝北一侧为观音殿。文昌阁内有文曲星壁画，观音殿内有观音塑像和十八罗汉塑像，两侧墙壁绘有十殿阎君壁画。

（2）北堡门。北堡门（图 1-5-30）为明万历十三年（1585 年）所建，清乾隆十三年（1748 年）翻修。堡门门洞宽 2.8 米，高 3 米，门洞上部嵌一石匾。堡门上建有三官庙，内有天官、地官、水官壁画。

（3）戏楼。戏楼（图 1-5-31）坐南朝北，位于南堡门外 20 米处，是蔚县古堡的一种常见建筑类型。戏楼为单层建筑，与关帝庙遥相呼应，是古堡的重要组成部分，有明代建筑遗风，以青砖、筒瓦、木材为主要建材。

（4）关帝庙。关帝庙（图 1-5-32）位于北堡门外 10 米处，庙内供奉关帝，是古堡的重要组成部分。大门为随墙门，上置双坡筒瓦顶。关帝庙正殿坐北朝南，面阔 3 间，为硬山筒瓦顶，正脊两端有脊兽，建筑细部雕刻精美。

图 1-5-28 王怀雨民居

内侧

外侧

图 1-5-29 南堡门

图 1-5-30 北堡门

图 1-5-31 戏楼

石碑

正殿

大门

鸟瞰

图 1-5-32 关帝庙

白后堡村

（一）村落概况

基本情况 白后堡村位于蔚县西北，距蔚县县城 10 千米，在南留庄镇东偏南约 3 千米处，村域面积为 356.49 万平方米，耕地面积约为 233 万平方米。村子地势北高南低，西高东低，三面环沟。2014 年，白后堡村被列入第三批中国传统村落名录。

历史沿革 白后堡始建于明代，是白家庄连环六堡之一。明清时期此地兴建了许多考究的民居、庙宇等，还建堡于白家庄北，遂取村名为白家庄后堡，简称“白后堡”。

（二）空间格局

白后堡村由新村和旧堡组成，新村位于旧堡西北和西南。旧堡由前堡和后堡组成，前堡较小，堡墙围合成东西长约 120 米、南北宽约 120 米的近似正方形的庄堡，道路呈“三横一纵”格局，为“王”字形。后堡堡墙围合成东西长约 280 米、南北宽约 220 米的长方形庄堡，堡内主街道以一座砖雕照壁分隔，照壁南侧街道为“王”字形，北侧街道为“土”字形。白后堡村的村落环境见图 1-5-33，民居鸟瞰见图 1-5-34，村入口新建仿古牌楼见图 1-5-35。

（三）物质文化遗产

1. 传统民居

旧堡内的传统民居院落占地面积约为 5 000 平方米，共 20 余处，院落以两进院或小型套院为主。院落南侧或东南侧设大门，大门西侧或两侧设倒座。进入二门后是住宅主院，正房多为 5 间，东西厢房 3~5 间不等。村内的传统民居细部见图 1-5-36，传统古民居见图 1-5-37。

2. 公共建筑

白后堡村的公共建筑种类较多，有别具特色的真武庙、永镇门（无晶宫）、关帝庙（武圣府）、观音庙、永宁门、五道庙、皮影戏台、慈严寺等。

图 1-5-33 村落环境

图 1-5-34　民居鸟瞰

图 1-5-35　村入口新建仿古牌楼

图 1-5-36 传统民居细部（组图）

正房及主院落

二门

大门

图 1-5-37 传统民居

（1）皮影戏台。皮影戏台（图 1-5-38）又称灯影戏台，位于白后堡村永宁门前。戏台始建于清朝，占地面积约为 45 平方米，为砖木结构，今主体结构保存完好，屋顶为卷棚硬山筒瓦顶，带前廊。

图 1-5-38　皮影戏台

（2）真武庙。真武庙（图 1-5-39）位于旧堡西北方向，现存建筑群立于北侧高台之上，台高近 9 米，台前为 40 余级砖石台阶，中间设置墁砖道，其上及两侧有古树若干。真武庙主殿有 3 间，空间相对独立，墙面均绘有壁画，采用棋盘格式布局。

（3）慈严寺。慈严寺（图 1-5-40 和图 1-5-41）位

图 1-5-39　真武庙

图 1-5-40　慈严寺 1

大雄宝殿

于村庄南部，始建于明朝，占地面积约为 1 375 平方米，现存建筑群被正殿分为东西两个院落。正殿建于高台之上，为 3 开间双坡硬山顶带廊式建筑。寺内建筑以双坡硬山顶为主，采用砖木结构。

（4）永镇门。永镇门（图 1-5-42）位于南堡墙中部，整体保存完好。永镇门沿堡墙设有更道，堡门为砖砌拱门形式，墙体自下至上略有收分。堡门外侧砖壁上有门簪、垂花柱、匾额、枋、斗拱、椽等砖雕仿木构件及各种装饰纹样。堡门上建有庙宇。

观音殿

玉皇阁

山门

图 1-5-41　慈严寺 2

内侧

外侧

砖雕

堡门上的庙宇

图 1-5-42　永镇门

3. 历史环境简介

（1）天桥。天桥（图 1-5-43）位于村庄南侧的慈严寺内，在玉皇阁建筑的正前方，桥宽约 1 米，现损毁严重，但仍可通行。天桥由灰砖砌成，左侧为 8 级台阶，台阶两侧有斜坡，桥身两侧有灰砖砌成的护栏。天桥右侧向上的第一个台阶刻有双龙戏珠图案。

（2）堡墙。白后堡村的古堡按照阴阳五行的传统思想建造，前堡较小，后堡较大。堡墙残垣见图 1-5-44。

俯瞰

正面

图 1-5-43　天桥

图 1-5-44　堡墙残垣

曹疃村

（一）村落概况

基本情况 曹疃村位于蔚县南留庄镇西北部2.5千米处，占地面积为 3.8 平方千米，传统村落占地面积为 5.9 万平方米，耕地面积为 2.08 平方千米，村庄内部有一条季节性河流——道河。2014 年，曹疃村被列入第三批中国传统村落名录。

历史沿革 曹疃村原名曹家疃，村落选址、格局较好，因地势平坦宽阔、有千亩沃田而得名。在历史上，曹姓人建村后因被满门抄斩而绝后，后董、刘二户迁移此处，繁衍生息，延续至今。该村建村较早，是古蔚州西北部著名的文化古村。

（二）空间格局

曹疃村的民居具有典型的古代北方民居建筑特点。曹疃古堡分东堡和西堡，它们连为一体，又叫连体堡，南面有东、西两个堡门。两个堡门朝南，与两个古戏楼对峙，东西主街上建有真武庙。古堡的堡墙高耸，堡内设三街六巷，井然有序。堡中心建有关帝庙，中后街建有观音殿、书院等公共建筑。中前街的民居门楼、四合院等严谨气派。曹疃村的村落环境见图 1-5-45。

（三）物质文化遗产

1. 传统民居

曹疃村中的传统民居多为四合院布局，其中多处二进院、三进院保存基本完好，其建筑风格体现了独特的地域文化。

（1）刘万福民居。刘万福民居（图 1-5-46）是曹疃古堡传统建筑的典型代表，始建于清代，分为左、右两进院，为四合院布局，左进院现状良好，右进院已无人居住。其建筑形式为传统卷棚筒瓦顶，青砖灰瓦，砖木结构。

左进院

右进院

图 1-5-45 村落环境

门楼檐部

图 1-5-46 刘万福民居

（2）董满京民居。董满京民居（图 1-5-47）为董姓村民的居住建筑，建于清代，分为前、后二进院，为四合院布局。其建筑形式为传统卷棚筒瓦顶，砖木土坯结构，土坯墙外包青砖。正房为双坡屋顶，左、右厢房为单坡屋顶，地面以青石铺砌。

2. 公共建筑

村庄内的古建筑除民居外，还有大量的公共建筑，如真武庙、古戏楼、堡门、关帝庙、观音殿、龙王庙等。历史建筑分布见图 1-5-48，传统建筑装饰见图 1-5-49。

（1）西真武庙。西真武庙（图 1-5-50）位于古堡西北部，坐北朝南，建在一夯土高台上，占地面积约为 300 平方米。庙宇为硬山筒瓦顶，砖木结构，青砖墙体，青石墙基，庙前有一对钟鼓楼。庙宇屋脊、青砖立柱上雕刻有花卉、鸟兽等图案，殿内墙壁上有精美的彩绘图案。

正房　　大门

图 1-5-47　董满京民居

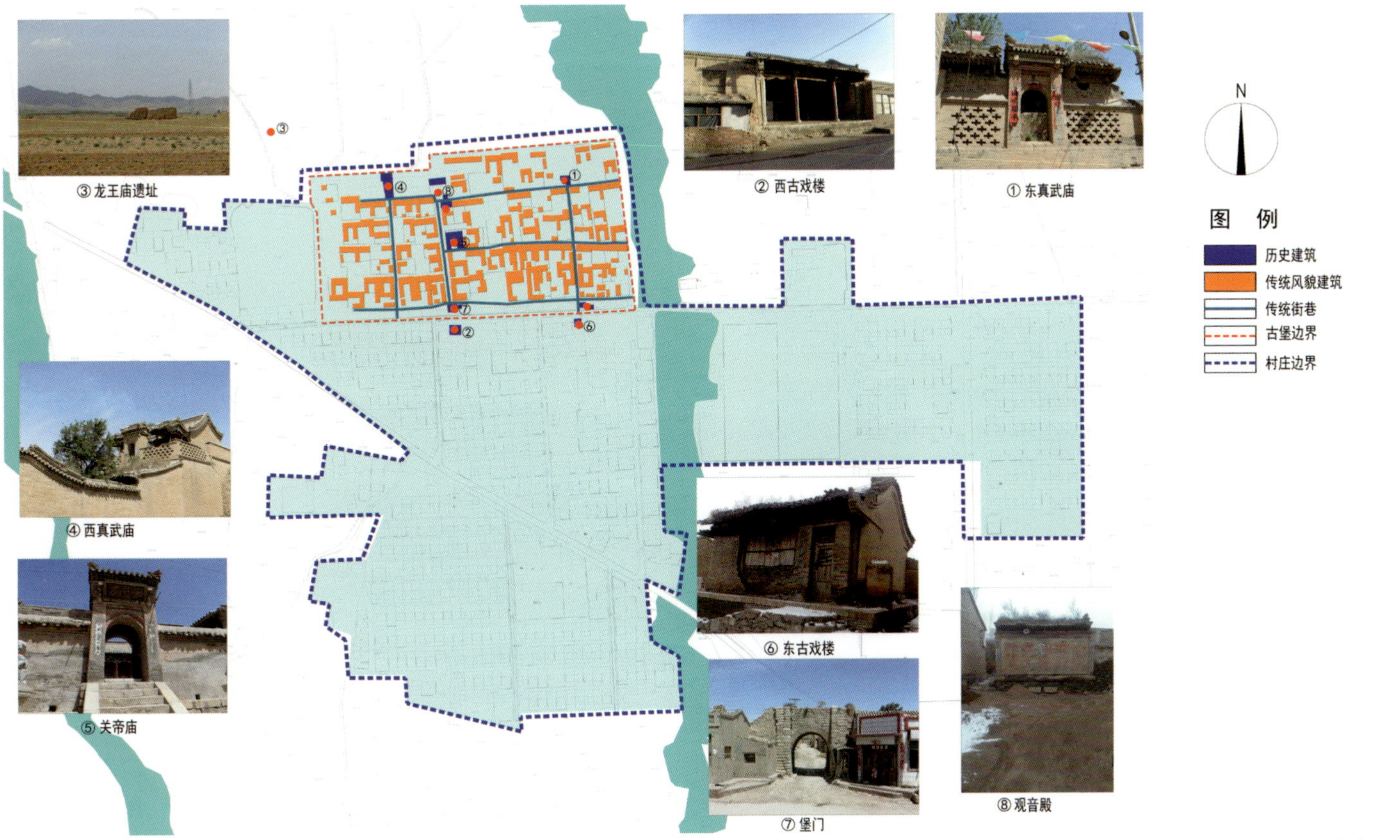

图 1-5-48　历史建筑分布

影壁

壁画

脊兽

烟囱

抱鼓石

排山沟滴

图 1-5-49　传统建筑装饰

（2）东真武庙。东真武庙（图 1-5-51）位于东堡主街北端，坐北朝南，占地面积约为 85 平方米，建筑样式与西真武庙相同。主庙北侧墙壁已倒塌，院内长满杂草，庙宇损坏严重。

（3）关帝庙。关帝庙（图 1-5-52）又名伽蓝庙，坐落在古堡中心，占地面积近 400 平方米。关帝庙不仅是祭祀场所，而且是本地居民的活动中心，每年农历五月十三，村民都会来此祭祀，并在广场前赶庙会。

（4）西古戏楼。西古戏楼（图 1-5-53）坐南朝北，正对西古堡门，占地面积为 140.16 平方米，建筑样式为卷棚筒瓦顶，优美舒展。西古戏楼面阔 3 间，为砖木结构，两侧青砖山墙保存较好。戏台现状基本完整，逢年过节村民会在此处表演秧歌戏。

（5）东古戏楼。东古戏楼（图 1-5-54）坐南朝北，正对东古堡门，占地面积约为 75 平方米，建筑样式与西古戏楼相同。目前东古戏楼的戏台前已安装门窗，平时作为仓库使用。

图 1-5-50 西真武庙

图 1-5-51 东真武庙

图 1-5-52 关帝庙

图 1-5-53　西古戏楼

图 1-5-54　东古戏楼

3. 历史环境简介

（1）石碑。石碑（图 1-5-55）位于真武庙内，大体保存完整，碑身局部有裂纹，石碑上字迹清晰可辨。

（2）鼓楼。鼓楼（图 1-5-56）位于西真武庙内西侧，为硬山筒瓦顶，保存状况良好。

近景

图 1-5-55　石碑

远景

图 1-5-56　鼓楼

第六节 非物质文化遗产

蔚县的非物质文化遗产非常丰富且独具特色，主要有以下几项。

（1）打树花。打树花是蔚县各个村镇古老的文化遗存。它是一种民间社火活动，至今已有 500 余年的历史。打花人把生铁炼成铁水，用长把木勺舀起铁水甩到城墙上，瞬间铁花四溅，形成树冠形的火花，因此得名“打树花”。作为一项古老技艺，打树花已被列入河北省首批省级非物质文化遗产名录。蔚县各个村落每逢元宵佳节打树花的习俗一直延续至今。打树花的壮观景象见图 1-6-1。

图1-6-1 打树花（组图）

（2）剪纸。蔚县剪纸至今已有 200 多年的历史，2006 年入选第一批国家级非物质文化遗产名录，2009 年入选世界人类非物质文化遗产代表作名录。很久以前，蔚县百姓就喜欢在窗户纸上贴一些花卉之类的吉祥图案，谓之窗花。后来人们在窗花制作工艺中融入天津杨柳青年画和武强年画的艺术特点，形成了蔚县剪纸的雏形。后经银匠刘老布和当时剪纸艺人们共同研究，对剪纸的工具进行改革，制作了各式各样的异型刻刀，将剪纸改为刻纸，由剪单幅进化到成批地刻，使剪纸工艺有了新的发展。20 世纪初，经王老赏等艺人的长期实践，蔚县剪纸进一步走向成熟。20 世纪 40 年代，又经王守业、周永明等一批艺人的改革和创新，蔚县剪纸由纯民间剪纸发展为人文剪纸。民间剪纸艺人及剪纸作品见图 1-6-2。

剪纸艺人

剪纸作品

图 1-6-2　剪纸艺人及剪纸作品

（3）拜灯山。上苏庄村的元宵节拜灯山民俗社火 2008 年被列入国家级非物质文化遗产名录。拜灯山民俗有省级传承人 3 名，市级传承人 2 名。每年的正月十四、十五、十六 3 天，人们要在灯山楼内用灯盏摆出吉祥图案，如“五谷丰登”等带有美好祝福的字样，见图 1-6-3。灯山点燃后，村民选两人扮成丑角在前面领队，再有七八人穿戏装从戏台出发，一路敲锣打鼓，到灯山楼祭拜灯神。一路上围观的群众将原本不宽的巷子围得水泄不通，不足 300 米的路程要走上半个小时。队伍来到灯山楼的供桌前开始拜祭，磕上三个头，以这种古老虔诚的形式祈求人们在新的一年里事事如意。之后放鞭炮，开大戏，同时，老百姓自由拜祭，直到灯山楼的灯熄灭。途中祭拜火神的场景见图 1-6-4，拜灯山活动现场见图 1-6-5。

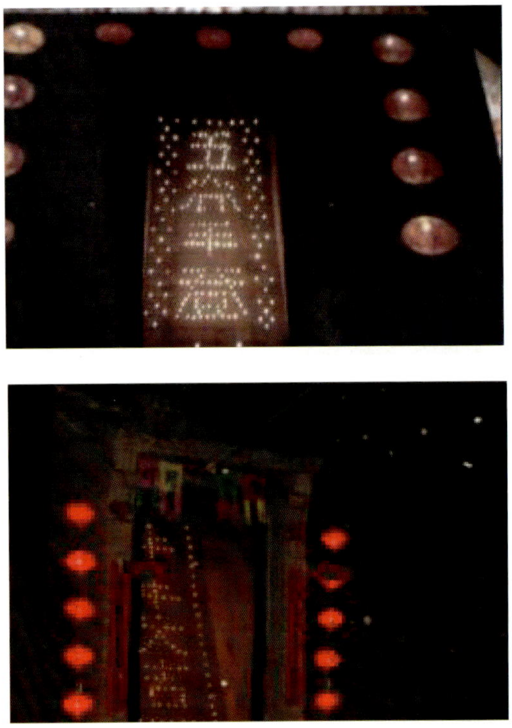

图 1-6-3　拜灯山（组图）

图 1-6-4　祭拜火神

图 1-6-5 拜灯山活动现场（组图）

（4）晋剧。上苏庄村古堡初建时，堡内十字街口设有乐善亭，专供艺人们吹拉弹唱。明朝末年，弦子腔、道情戏等早期戏曲表现形式在上苏庄村十分流行。清乾隆年间，蔚县秧歌已经颇具现代戏曲雏形。清咸丰、同治年间，上苏庄村成立了秧歌戏班，后培养出大批闻名四乡的秧歌戏艺人。1948 年蔚县解放，晋剧名角李化宣（艺名眼子旦）在此教唱晋剧，从此，上苏庄村的蔚县秧歌演变成了晋剧。晋剧表演见图 1-6-6。

（5）曹疃秧歌。曹疃秧歌是蔚县秧歌的组成部分，至今已有 200 多年的历史，在清道光年间盛行一时，“文革”期间曾一度萧条。改革开放初期，曹疃村秧歌掌班人将戏班子重新发展起来。蔚县秧歌至今仍以活态形式传承，新一代传承人以独特的原生态梆子腔调使曹疃秧歌深受当地群众喜爱。图 1-6-7 是农民剧团在表演曹疃秧歌。曹疃村地地道道的农民剧团凭着对蔚县秧歌艺术的热爱，利用农闲时间唱戏、排练，活跃在本村和周边村镇的文化舞台上。

（6）社火表演。社火表演是蔚县村庄每年元宵节前后即正月十四、十五、十六为配合“拜灯仙、逗火龙”而举行的活动，主要有活马、旱船、老翁背脏婆、推车、洋鬼子楼、扭秧歌等，见图 1-6-8。

（7）其他。蔚县民众创造了灿烂的民俗文化，大到节日庆典，小到婚丧嫁娶，都会有规模不一的表演活动，以民间自发的形式表现着当地的民风民俗，见图 1-6-9 和图 1-6-10。其中牛斗虎是蔚县独有的民间舞蹈，以西古堡的演出最为知名，图 1-6-11 是牛斗虎鼓乐队在排练。蔚县各个村落的文化生活丰富多样，闲暇之余，老百姓还会到寺庙拜佛、敬道、奉儒，虔诚地跪拜，祈求健康幸福，见图 1-6-12。

图 1-6-6　晋剧表演

图 1-6-7　曹疃秧歌演出

图 1-6-8　社火活动中的表演

图 1-6-9　剧团排练

图 1-6-10　丧事演奏

图 1-6-11　牛斗虎鼓乐队排练

图 1-6-12　民众祈福

第二章 怀安县

怀安县地处河北省西北部，居冀、晋、蒙 3 省、自治区交界处。县城地理位置优越，境内铁路、公路纵横，交通便利。怀安县域总面积为 1 706 平方千米，下辖 4 个镇和 7 个乡，分别是柴沟堡镇、左卫镇、怀安城镇、头百户镇、西沙城乡、渡口堡乡、王虎屯乡、太平庄乡、第三堡乡、第六屯乡、西湾堡乡，共辖 273 个行政村。县政府驻地为柴沟堡镇。

第一节 左卫镇

左卫镇位于怀安县东北部，北与万全区隔洋河相望，东与宣化区接壤，南与太平庄乡相邻，西靠金沙滩林场，距张家口市区约 26 千米，距万全区约 7 千米，距柴沟堡镇约 30 千米。镇内河川、丘陵、山区各占 1/3。

石坡底村

（一）村落概况

基本情况　石坡底村位于左卫镇政府东南部约 18 千米处。村民们利用地形地貌就地建造碹窑，形成高低不平、层次分明的建筑格局。全村有碹窑 94 处，除了已经坍塌的，至今仍可居住的碹窑有 30 多处。碹窑择地而建，平地起窑，是张家口南部民居的代表。2014 年，石坡底村被列入第三批中国传统村落名录。

历史沿革　石坡底村的西北、东北处均有战国时期人们生活的遗迹，表明在 2 000 多年前，这里就有人类活动。明末清初（1644 年左右）此处建村，起初叫石坡堡，后改为石坡底。1996 年南窑、水泉梁、毛家坪 3 个自然村并入石坡底村。

（二）空间格局

石坡底村依山而建，地势北高南低、东高西低，呈阶梯状，被誉为“千年之苍茫，百里之画廊”。村内道路曲折蜿蜒，主要道路呈“两横两纵”格局。石坡底村的村落环境见图 2–1–1，村内各类建筑分布见图 2–1–2。

（三）物质文化遗产

1. 传统民居

村庄内现存传统民居院落 82 处，多为四合院和碹窑，四合院已保存不多，碹窑年代也较为久远。碹窑基本上坐北朝南，在南面开窗，窗户一般上圆下方，上面的半圆部分用木条组合成各种各样的几何纹样，糊上白麻纸。碹窑

图 2–1–1　村落环境

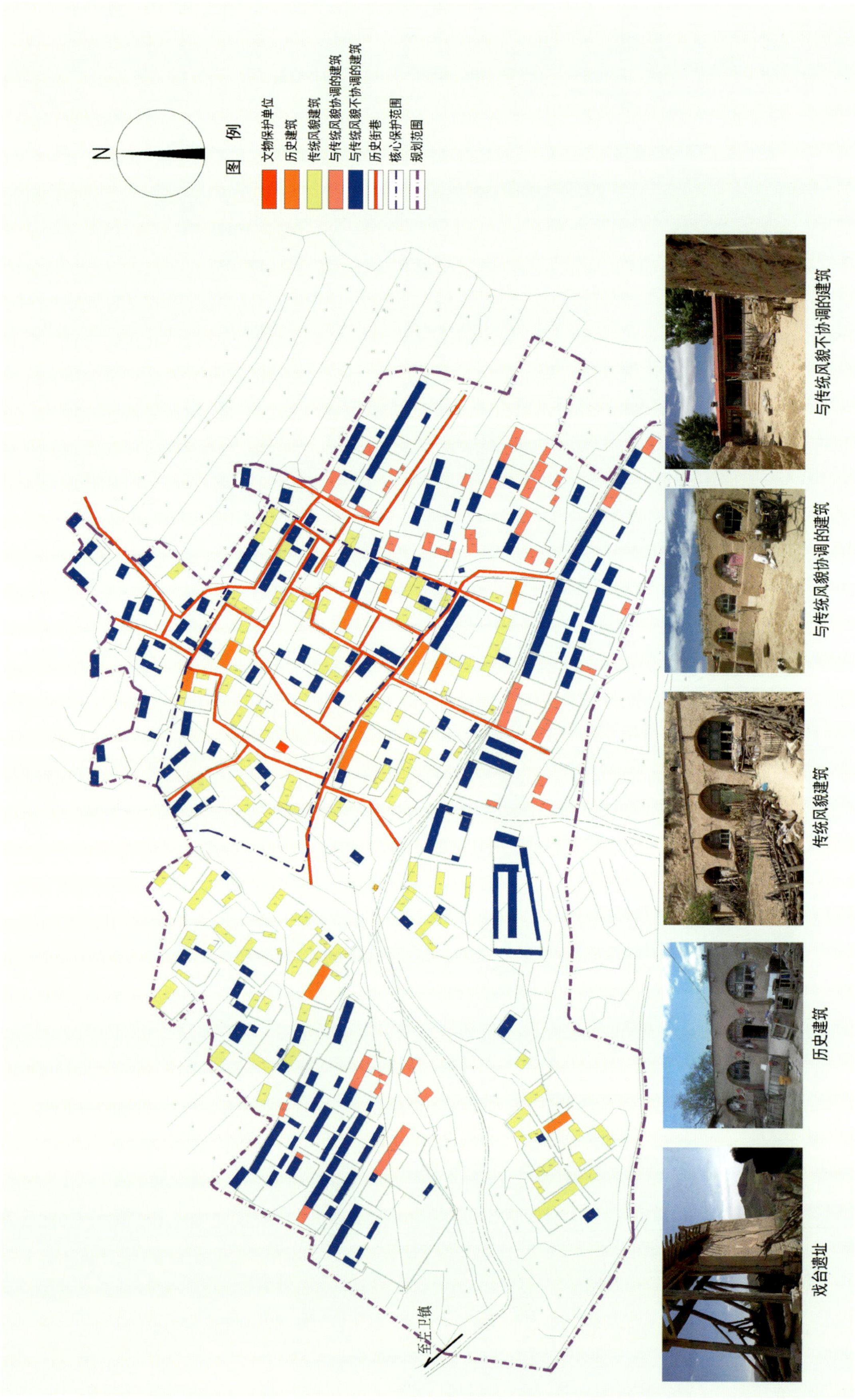

图 2-1-2　村内各类建筑分布

大多为一窑三孔布局，中间一孔为正窑，两侧均为配窑，分别做起居室和炕室。民居沿街立面见图 2-1-3。民居中常见的碹窑见图 2-1-4。

石坡底村的民居多为单层生土建筑，整体保存情况一般，屋顶为夯土结构，院以墙相隔。墙面由生土与土坯构成，比较结实，地面一般不铺装。典型的碹窑建筑中居住、仓储、做饭功能齐全。

2. 公共建筑

（1）古戏台遗址。古戏台现仅残存基座、一面山墙、部分梁架及屋顶，其遗址见图 2-1-5。

（2）真武庙遗址。真武庙供奉真武大帝，现仅存遗址，见图 2-1-6。

图 2-1-3 民居沿街立面

图 2-1-4 民居中常见的碹窑

（3）五道庙遗址。五道庙供奉五道将军，传说这里是五道将军处理事务的场所，现今只存遗址，见图 2-1-7。

（4）黑虎庙遗址。黑虎庙遗址见图 2-1-8。

（5）求子洞。求子洞位于村落西南方，传说是以前村民们求子所去的山洞，见图 2-1-9。

（6）许二愣豁。许二愣豁是山梁上的一处自然豁口，见图 2-1-10。

图 2-1-5　古戏台遗址

图 2-1-8　黑虎庙遗址

图 2-1-6　真武庙遗址

图 2-1-9　求子洞

图 2-1-7　五道庙遗址

图 2-1-10　许二愣豁

第二节 西沙城乡

西沙城乡地处怀安县中部，属浅山丘陵区。该乡交通便利，207 国道连接线贯通全乡南北。全乡总面积为 85 平方千米，耕地面积约为 24 平方千米。

东沙城村

（一）村落概况

基本情况　东沙城村隶属西沙城乡，村庄东南与南刘家窑相邻，南接头百户镇，西临西沙城村，北临段家庄。整个村落以土碹窑建筑为主，占地面积约为 3 万平方米。

历史沿革　明永乐十七年（1419 年），保安右卫由顺圣川（今阳原县境内）移至西沙城，在距西沙城土城堡东南 2.5 千米处建东沙城土城堡，重点保护西沙城，以防御北方游牧民族南下侵扰。古代建城的作用一是防匪，二是驻军，三是防风沙和暴雪。此处城墙高筑，城里墙低，城外墙高，非常实用。

（二）空间格局

东沙城村坐落在怀安县洋河南岸，三面环山，东部为怀安境内海拔最高的白云山，南为骆驼山，两座山蜿蜒起伏，形成围势。村庄建于低矮的土崖之下，可以有效抵御当地冬季的强风、扬沙等恶劣天气。村内建筑以坐北朝南的黄土碹窑为主，几乎家家户户都设有地窖，主要用来储藏食物。村庄通往外边的道路及部分主路为水泥路，内部道路为土路。

（三）物质文化遗产

1. 传统民居

村内民居多为碹窑，见图 2-2-1。村庄内现存传统民居院落 247 处，年代大多较为久远。碹窑择地而建，平地起窑，先用黄土夯成 1 米多高的墙基，再用黄土和泥做成泥坯砖，一层层碹出拱顶，在拱顶上一层层抹泥，最后覆

图 2-2-1　碹窑民居

土夯出平顶。碹窑窑洞一般进深 6 米，高 4 米。除此之外，碹窑还有一窑多孔的布局，正房在整个碹窑院落的北部，多采用五孔或七孔窑洞。在正房的左边或右边，有时会建杂物房。图 2–2–1 中的碹窑现已无人居住，屋顶为瓦木屋顶，部分已损坏，墙体为生土墙，宽大厚实。碹窑建筑有很高的历史文化价值，其夯土技术值得深入研究。

（1）王全海民居。王全海民居无人居住，现已破败，见图 2–2–2。

（2）王登利民居。王登利民居见图 2–2–3，其为典型的碹窑民居，保存较为完好，屋顶为由筒瓦、木材料砌筑的坡屋顶。墙面采用土坯，部分墙外部砌有红砖。其外形粗犷厚实，居住、仓储、做饭功能齐全。

（3）王俊福民居 。王俊福民居见图 2–2–4，为砖墙瓦顶，居住、仓储、做饭功能齐全。

2. 公共建筑

村内的公共建筑主要为古戏台。古戏台建在石砌平台之上，已破损，目前仅留有木构架及部分瓦屋面，已无法使用，但具有历史文化价值，反映了当地的人文风貌。

3. 历史环境简介

村中文物古迹及环境要素分布见图 2–2–5。

（1）石磨盘。村中保留着很多磨盘，反映了过去当地的生产生活方式，具有一定的历史文化价值。

图 2–2–2　王全海民居

图 2–2–3　王登利民居

（2）古井遗址。古井是乡村生产生活的基础设施，由于时代的发展已被遗弃。

（3）明代夯土城墙。建于明代的夯土城墙用黄土以及石子夯成，分层夯实。夯土城墙经过百年岁月侵蚀仍屹立不倒，充分展现了民间高超的夯土技艺。

图 2-2-4 王俊福民居

图 2-2-5 文物古迹及环境要素分布

朱家庄村

（一）村落概况

基本情况　朱家庄村三面环山，一面临沟，占地面积约为 26 万平方米。村内建筑以土碹窑为主，土碹窑建筑占地面积约为 12 万平方米，建筑风貌保存较好。

历史沿革　朱家庄村有着 400 多年的历史，因战争遗留的童兵迁居于此发展成村。村庄依山而建，当地百姓以农耕为生，为了适应当地的气候环境，村民们就地取材，发明了土碹窑建筑。

（二）空间格局

朱家庄村所处地块的特征为：西部是小角度斜坡，东侧陡然突起。村内建筑分布于一个由西向东缓缓提升的斜面之上，各房屋错落有致，排列井然。村内道路走向以入村路口为起点，深入村落中心，并向两侧辐射，至最高点后随地形顺势蜿蜒，形成一种集规则排列和曲径通幽于一体的村庄道路结构。朱家庄村的街巷空间见图 2-2-6。

（三）物质文化遗产

全村有碹窑 120 多处，除了已经坍塌的，至今仍有人居住的碹窑有 100 多处。碹窑建筑具有非常重要的历史价值、民俗研究价值和建筑艺术价值。

1. 传统民居

朱家庄村东的碹窑建造时间较早，村西的碹窑建造时间相对较晚。村内碹窑大多坐北朝南，在南面开窗，窗户上圆下方，上面半圆部分做装饰纹样。碹窑大多为一窑三孔布局，中间一孔为正窑，两侧均为配窑，分别做起居室和炕室。窑洞一般进深 6 米，高 4 米。碹窑年代久远，常受到雨水、大风等的侵蚀，现多为危窑，抗汛、抗震、抗自然灾害能力较差。

（1）李清枝宅。李清枝宅（图 2-2-7）建于清末时期，是典型的碹窑。它具有陕北窑洞的特色，同时吸收了河北传统民居的特点。该建筑现况较差，房屋墙体有裂缝，正房南墙已倾斜。

（2）李升天宅。李升天宅（图 2-2-8）建于民国时期，是典型的碹窑。该建筑现况较差，门窗破损严重，已长期无人居住。

图 2-2-6　街巷空间（组图）

图 2-2-7 李清枝宅

图 2-2-8 李升天宅

2. 公共建筑及古树

古戏楼（图 2-2-9）为村内的公共建筑，位于村庄南部，建于民国时期。古戏楼坐南向北，为卷棚硬山筒瓦顶，面阔 3 间，进深 2 间，以木制隔扇隔开前后台。后台设一小门，供演员出入。另外村内有古树一棵，见图 2-2-10。

图 2-2-9 古戏楼

图 2-2-10 古树

段家庄村

（一）村落概况

基本情况　段家庄村坐落于怀安县中部，全村现有居民约 300 户，耕地面积约为 2 平方千米。全村有碹窑 200 多处，至今仍有人居住的碹窑有 120 多处。村内的建筑多依地形地势而建，主要有碹窑民居以及古井、龙王庙、五道庙、观音庙等古建筑。

历史沿革　据《怀安县志》记载，段家庄村建于明代。据村里老人讲，段家庄村虽然名称中有“段家”二字，但村里没有一户姓段的。原来，该村原名为龙泉湾村，因为村庄东北面的山沟里常年有多股泉水流出，有人认为这里有龙脉，就把流有泉水的山沟改道，斩断了龙脉，从此该村就叫作“断家庄”，后来演变为“段家庄”。

（二）空间格局

段家庄村位于平坦的山坳之中，四面环山，其地势可有效抵御冬季寒冷的强风、扬沙等恶劣天气。村庄沿着低矮的山丘而建，建筑多坐北朝南，沿着土崖呈带状展开。段家庄村的村落环境见图 2-2-11，平面布局见图 2-2-12。

（三）物质文化遗产

1. 传统民居

该村窑洞式的房子已有几百年历史，据说由于当地雨水较少，用来盖房子的材料不充足，加之当时人们生活贫困，为了生存，只好就地取材，于是产生了这种独特的平地土窑——拱形碹窑。村内民居多为单层建筑，院落宽敞，庭院入口建有门楼，房屋门窗一般为圆拱形，采用木制或铝合金结构。厢房为平屋顶或卷棚青筒瓦顶，采用砖、木、土坯建造。民居具有清代建筑特色，保存状况良好。传统民居见图 2-2-13 和图 2-2-14。

2. 公共建筑

（1）龙王庙。龙王庙（图 2-2-15）位于村庄北面，建于明末清初，坐北朝南，占地面积约为 30 平方米。建筑样式为 3 开间，为硬山青筒瓦顶，整体为砖木结构，下为青砖墙基，上为土坯墙体。山墙上有精美砖雕，屋脊、青砖柱子上雕刻有花卉、鸟兽等图案，殿内墙壁上留存有残旧的彩绘图案。龙王庙损坏较为严重，左侧山墙已倒，屋顶开裂，有坍塌趋势。

（2）古戏楼。古时戏楼是为配庙宇而建的，用来祈求风调雨顺，所以正对龙王庙南侧有一座戏楼。戏楼坐南朝北，占地面积约为 55 平方米，屋顶为卷棚硬山青筒瓦顶，整体

图 2-2-11　村落环境

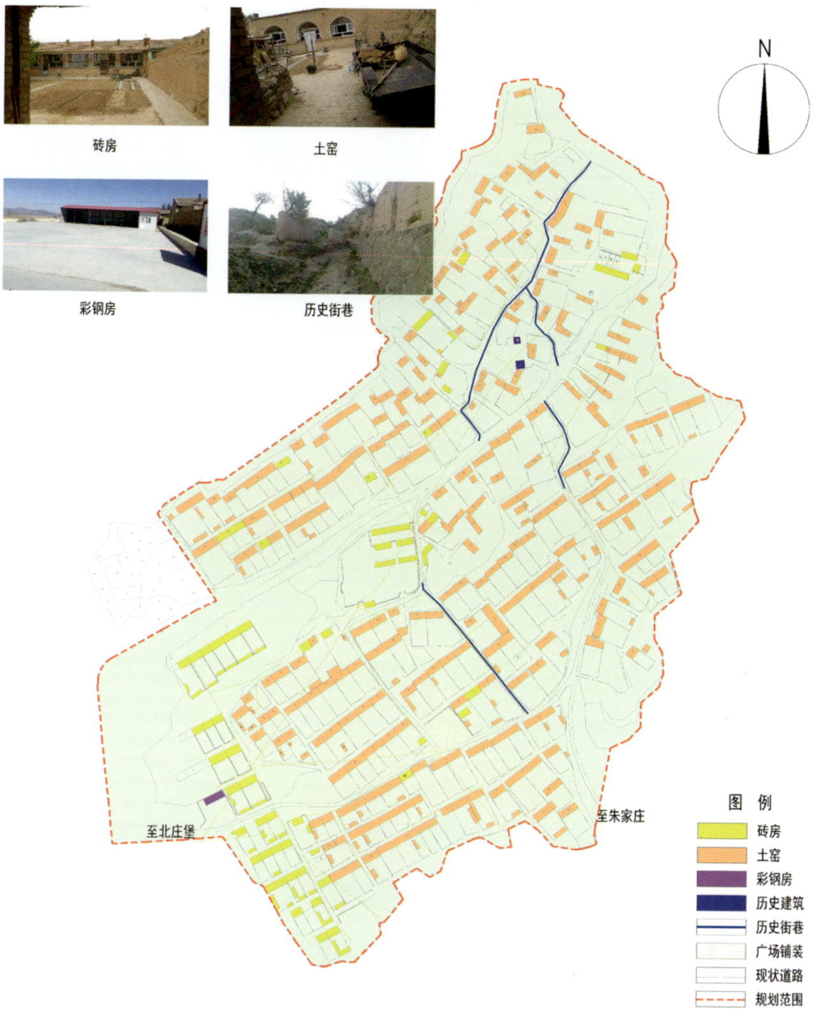

图 2-2-12 平面布局

图 2-2-13 传统民居 1

为砖木结构，现已无门窗，两山墙象眼处均有精美砖雕。古戏楼见图 2-2-16。

3. 历史环境简介

（1）古井。古井（图 2-2-17）位于村庄北侧，曾为过去村民主要的饮用水源，后因有了新的水源，现已废弃。

（2）石碾。石碾（图 2-2-18）位于民居内，保存较好。石碾是当地居民加工粮食的工具，反映了以前村民的生产生活情况。

（3）壁画。壁画常见于庙宇、宗祠的墙壁上，一般展现与庙宇主题相一致的内容。图 2-2-19 为龙王庙内的彩色壁画，内容与农业耕种、雨水相关，目前损毁较为严重。

（4）古街巷。村庄内巷路的两侧有高大的土墙，保存状况良好，见图 2-2-20。

图 2-2-14　传统民居 2（组图）

图 2-2-15　龙王庙

图 2-2-16　古戏楼

图 2-2-17 古井

图 2-2-18 石碾

图 2-2-19 壁画

图 2-2-20 古街巷

第三节 非物质文化遗产

怀安县非物质文化遗产包括民间美术、传统戏剧、民俗活动等。

左卫墙围画也叫炕围画，具有悠久历史。怀安县冬季寒冷，过去家家户户都用火炕取暖御寒，炕上方的墙面极易脱落起皮，蹭脏衣物、被褥，于是人们先以刷墙所用的白土调以胶水，在环炕的墙上涂一层高约二尺（0.67 米）的“围子”，为了增加装饰性，又以墨线绘以简单的线条边饰，中间再画几枝兰叶墨花，逐渐形成了最初的墙围画。经过衍变和发展，墙围画改以颜料做底，上绘彩色花卉，以桐油涂罩，既鲜艳亮丽，又牢固持久。比较知名的墙围画作品有国画《山高水长》《春雨翠竹》《清影摇风》《清流风雨》等。

软秧歌兴起于清光绪年间，其表演艺术中糅进了晋、冀、蒙 3 地多种地方戏的特色，唱腔舒缓，较为轻软，被认为不能敬神，当地艺人就在“秧歌”前加上一个“软”字，故称“软秧歌”。软秧歌剧目原有 40 余出，流传至今的有《字差》《四玉带》《五玉带》《七人贤》等 26 出。软秧歌唱词多由民歌歌词组成，语句精练生动，爽快流利，富有感情。软秧歌音乐曲牌借鉴了晋剧曲牌，文武场乐器也与晋剧相同，演员演唱时从一种唱腔转化为另一种唱腔时必须另起鼓点，相互之间不能直接过渡转化。2007 年，该戏种被评为河北省非物质文化遗产保护项目。

九曲黄河灯是古老黄河文化的一部分，它最早起源于山西省北部的河曲县。据史书记载：每年农历七月十五，人们都要在黄河上放置 365 盏用麻纸扎成的河灯，由德高望重的老船工主持仪式，大家把船划到黄河中央，把河灯一盏一盏地放到水面上，形成“水映河灯灯映水”的壮丽景观。后来，这一做法流传演绎过来，就变成了九曲黄河灯阵。胡家屯的九曲黄河灯，是在明永乐年间由洪洞县移民带过来的。人们采取这种形式，祭奠河神或水神，祈求风调雨顺、五谷丰登。

第三章 万全区

万全区地处坝上坝下咽喉，历来为兵家必争之地。明洪武二十六年（1393 年），为抵御蒙元残部入侵，加强军事防御，明政府准备建一座军事卫所，因此地“北枕长垣，面临洋水，左挹居庸之险，右拥云中之固”，在此建城实乃“万全之策”，万全由此而得名。万全区地处河北省西北部，西面、北面以明长城为界分别与尚义、张北两县接壤，南隔洋河与怀安县相望，东临张家口市区，总面积为 1 161.5 平方千米。全区下辖 4 个镇（孔家庄镇、洗马林镇、郭磊庄镇、万全镇）、7 个乡（膳房堡乡、北新屯乡、北沙城乡、宣平堡乡、旧堡乡、安家堡乡、高庙堡乡），共有 172 个行政村。区政府驻地为孔家庄镇。

第一节 万全镇

万全镇位于万全区东北部，南距孔家庄镇 11 千米，东距张家口市中心 15 千米，北距坝上草原 10 千米。1983 年以前万全镇为万全县城所在地，交通条件优越，地理位置独特，自古便为粮食集散地和商贸中心。1983 年，万全县城移至孔家庄，万全设建制镇。1984 年改万全镇。2012 年，万全镇入选河北省第三批历史文化名镇。2016 年撤销万全县，设立张家口市万全区，万全镇属万全区。

万全古镇

（一）空间格局

万全古镇布局为菱形，周长约 3.52 千米。万全古镇有“轿子城”之说，它只开南门和北门，并建有瓮城。古镇东西方向留有两个无门的翼城，好似轿子的两个耳窗，城外两条护城河像两根轿杆抬起古城。古镇的城墙高 11.7 米，底宽 15 米，顶宽 5.7 米；城墙下肩由粗料石砌筑而成，高 0.8~1.6 米，下肩收分约 21 厘米。城墙为内夯土，外包砖，墙基由石砌筑。城的东西两侧筑有突出城外的空心城台。城上建有角楼 4 个。城内建有牌坊 4 个、谯楼 1 个、庙宇 50 余处。万全古镇的布局见图 3-1-1，街巷空间见图 3-1-2，常见的建筑装饰见图 3-1-3。

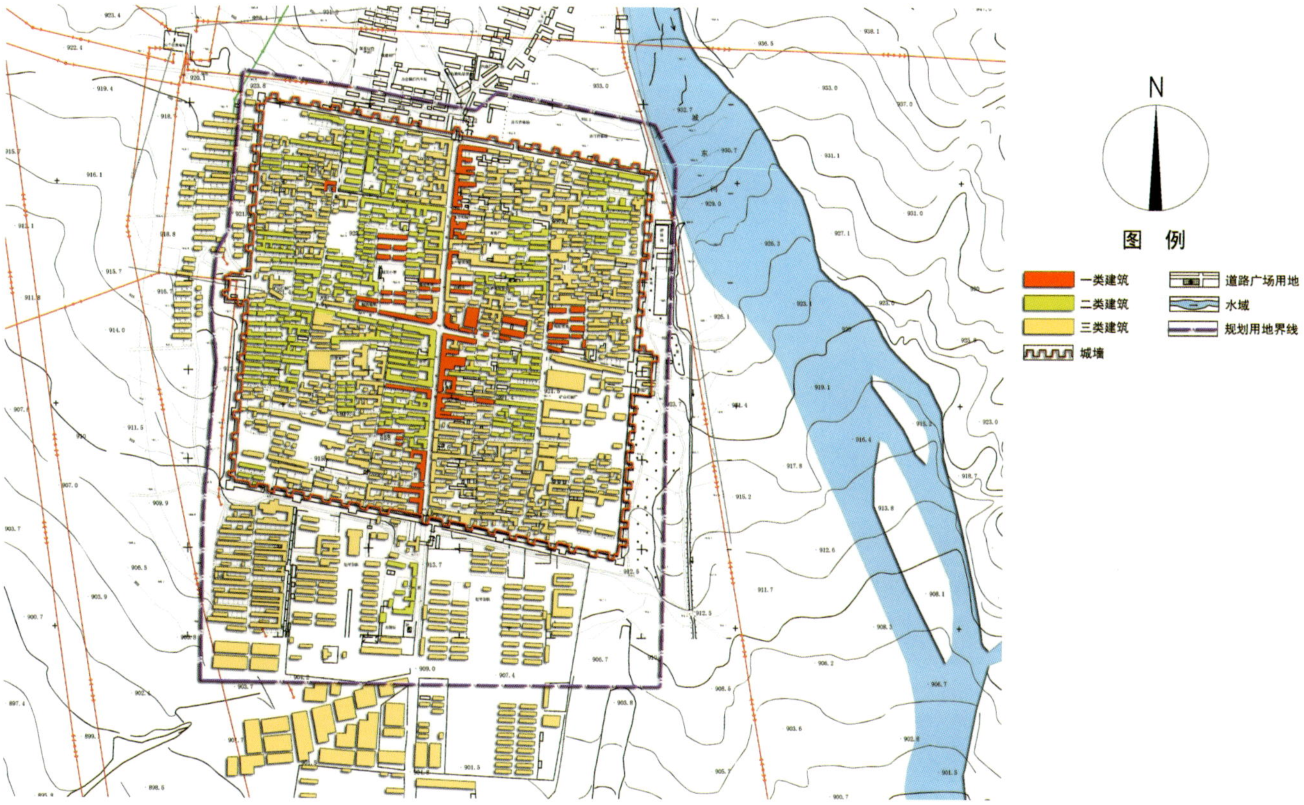

图 3-1-1　古镇布局

图 3-1-2　街巷空间（组图）

图3-1-3 建筑装饰（组图）

（二）物质文化遗产

1. 传统民居

万全古镇的民居院落较为宽敞，房屋为砖木结构，屋顶为硬山筒瓦顶。山墙、墀头、屋脊等处多有雕刻等装饰。传统民居见图 3-1-4，传统民居院门及其局部见图 3-1-5。

图 3-1-4　传统民居（组图）

图3-1-5 传统民居院门及其局部(组图)

2. 公共建筑

古镇内建有玉皇阁、东大寺、西大寺、城隍庙、奶奶庙、关帝庙、武当庙、糊涂庙、法华庵等 50 多座庙宇，庙宇占地面积约为古镇面积的 1/10。

万全古镇四周城墙砖体部分保存较好，南、北城门，瓮城，翼城，角台，马面等重要设施仍保留原来特色，墙体内侧夯土流失严重。古镇内很多古庙宇、古民居损毁严重，部分庙宇仅剩下遗址；历史街区还保留着原有风貌，部分旧民居仍保留着明末清初的建筑特征。同时，古镇内还保留着近现代重要的军事防御设施。

（1）城门。万全古镇开有南、北二门。因为城门是进入古镇的唯一通道，是城防的薄弱环节，是维系城堡安全的关键所在，因此万全古镇的南、北二门均采取了“城套城、门套门”的建筑格局。南城门见图 3-1-6。

（2）瓮城。瓮城是建在城门外的护门小城，用于增强城堡的防御能力。万全古镇南、北城门外分别建有南、北两座瓮城，均开东门。两座瓮城均为方城，东西长约 61.3 米，南北长约 59.5 米。瓮城城门洞均为砖拱券式样，除长度略短外，其宽、高及门扇均与城门相同。图 3-1-7 为瓮城一角。

（3）关城。关城是设在瓮城外的城，作用是加强城墙的防御能力。古镇南、北瓮城外均设关城。南、北两座关城分别设南门、北门。据考证，其门洞、门扇与瓮城城门相仿。这样的“城套城、门套门”的设计很科学，三道城门形成弯曲的防御线路，大大增加了敌军攻城的难度。战争中，即使敌军从正面攻破关城门（第一道防御屏障），还得绕个弯再攻瓮城门（第二道防御屏障），如瓮城门失守，敌军进攻时仍然不能长驱直入，需要再绕个直角弯后攻打城门（第三道防御屏障）。从战术上讲，其设计延迟了敌军进攻的速度，为守城军士争取了时间。城上守军可迅速组织调度，居高临下从四面八方组成交叉攻击网，打退敌人的进攻，保住城堡。关城城墙见图 3-1-8。

图 3-1-6　南城门

图 3-1-7　瓮城一角

东城墙

西城墙

北城墙

图 3-1-8 关城城墙

第二节 非物质文化遗产

（一）民俗活动

万全古镇的民俗活动主要有元宵节灯会、九曲黄河灯等，另外还有一些祭祀活动，如祀孔，源于明清时期，每年农历八月二十日人们在先师庙（文庙）举行祀礼之仪；祀关岳，从 1915 年起，人们在每年春分、秋分后第一个戊日进行祭祀；祭坛，源于明清时期，万全古镇北先后建有社稷坛、城隍坛、先农坛、历坛，每年知县都会亲临祭坛进行祭祀，以求风调雨顺，国泰民安。

（二）风味小吃

在万全古镇漫长的历史进程中，万全人民创造出许多具有鲜明地域特色的风味小吃，如生炸糕、莜面、圪馇、荞粉、腐肉、肥马肠、芝麻饼等。这些小吃深受万全人的喜爱，也受到外地人的青睐。万全古镇的小吃文化源远流长，具有深厚的历史底蕴，在其发展过程中，逐渐形成独特的制作工序，做出的食品具有香味醇厚、营养丰富的特点。有人这样说："吃万全风味小吃，吃的是历史，品的是文化，嚼的是情调。"

第四章 怀来县

怀来县地处河北省西北部、张家口市东南部。县政府所在地沙城镇东距北京约 120 千米，西距张家口市区约 87 千米。怀来县总面积为 1 801 平方千米，下辖 11 个镇（沙城镇、北辛堡镇、新保安镇、东花园镇、官厅镇、桑园镇、存瑞镇、土木镇、大黄庄镇、西八里镇、小南辛堡镇）、6 个乡（狼山乡、鸡鸣驿乡、东八里乡、瑞云观乡、孙庄子乡、王家楼回族乡），共 279 个行政村。怀来县南部和北部多为山区，山区之间形成“V”字形盆地，官厅水库位于盆地中部。该地区依山傍水，生态环境优美，有“北京后花园”之称。怀来县交通便捷，有京包、丰沙、大秦、沙蔚 4 条铁路穿过，京藏、京新等高速公路和 110 国道、宝平、康祁等国省干线贯穿其境，是首都通往西北的锁钥。

第一节 鸡鸣驿乡

鸡鸣驿乡地处河北省张家口市怀来县西端，平均海拔为 680 米。该乡既有平坦的河川区，又有半山区，还有深山区。鸡鸣驿乡下辖 6 个行政村，分别为鸡鸣驿村、施家营村、盆儿窑村、西黄庄村、窑儿南村和芦苇沟村。京张公路主线、复线，省道下广线（下花园至山西广灵）穿乡境而过，京张高速在鸡鸣驿村设有进出口，闻名遐迩的全国重点文物保护单位——鸡鸣驿城就坐落在该乡的鸡鸣驿村。

鸡鸣驿村

（一）村落概况

基本情况　鸡鸣驿村位于洋河北岸的鸡鸣山下，地处怀涿盆地西部边缘，地势呈东北高、西南低的态势，是鸡鸣驿乡政府驻地，村落环境见图 4-1-1。燕山山脉在此朝西北和西南两个方向延伸而来，形成了北部的兴隆山、南部的黄羊山和西部的玉带山。鸡鸣驿是中国现存最大、保存最为完好的古驿站，鸡鸣驿城已被公布为全国重点文物保护单位。

图 4-1-1　村落环境

历史沿革　元朝时期，现鸡鸣驿所在地曾设“府邸店”。明永乐十八年（1420 年），为传递西北军情信息，特别是因对蒙古各部作战需要，朝廷在此再设驿站，因鸡鸣山而得驿名。次年（1421 年）因防御需要扩筑土垣（其周长约 2 千米）。鸡鸣山驿站遂成为从宣府进京途中最大的军邮驿站。明嘉靖四十二年（1563 年）秋，“敌诡计钩垣，将城攻坏”，人们重新修葺城墙，并在城东筑护城坝一道。1914 年，北洋政府做出“裁汰驿站，开办邮政”的决定，撤销了全国驿站，拥有 500 多年历史的鸡鸣山驿站结束了它的使命。

（二）空间格局

鸡鸣驿村内有古城，称鸡鸣驿古城，其平面近似正方形，边长 460 米，城墙高 11 米，城墙四周均匀分布着 4 个角台，东西各开一城门。城内的主要道路可用“三横两纵一环”来概括。“三横”为前街、二道街和后街，“两纵”为东街和西街，“一环”为紧靠城墙内侧宽约 5 米的环城道。“三横两纵”的 5 条街道将城区分成大小不等的 12 个区域。鸡鸣驿城没有作中轴对称设计，连接东西城门的前街位于城南（距南墙 70 米，距北墙 380 米）。南墙外即是秦时称为“直道”、汉时称为“古北平西北干路”、明清时称为“官道”的古代驿路。而城的东西轴也随着驿道趋势向西北方向倾斜。驿城的东城门向东北方向倾斜 30 度，西城门向西南方向倾斜 30 度，两者位置略有偏差，并不对称，连接两座城门的前街也并不笔直，而是有点曲折，大致形成了“Z”字形，由此减弱了强烈的西北风对街道的侵蚀和影响，设计得非常合理。鸡鸣驿古城的街道空间见图 4-1-2，民居鸟瞰见图 4-1-3，城门及城墙分别见图 4-1-4 和图 4-1-5。

图 4-1-2　街道空间

图 4-1-3 民居鸟瞰

图 4-1-4 城门

图 4-1-5 城墙

（三）物质文化遗产

除古民居外，城内还保存有明清驿丞署、指挥署、公馆院（驿馆）、大号（驿站换马处）、军号（军站换马处）、戏楼、灯盏楼、古城墙等公共建筑。明清庙宇宫祠有文昌宫、七贤祠、普渡寺、龙神庙、白衣观音殿、财神庙、三义庙、马神庙、城隍庙、关帝庙、泰山行宫、永宁寺、五道庙、玉皇阁、魁星楼等。其中永宁寺为驿城中现存最早的建筑，距今已有 800 多年历史。文昌宫、龙神庙、泰山行宫、永宁寺、关帝庙戏楼、财神庙、城隍庙内均绘有壁画。

1. 传统民居

鸡鸣驿村传统民居上的建筑装饰见图 4-1-6。

古城内的贺家大院建于明代，是清康熙三十五年（1696 年）以前驿城内最高军事长官的驻地，也是整个驿城规格最高的古建筑。八国联军进犯北京时，贺家大院曾作为慈禧太后和光绪皇帝的临时住所。其建筑为砖木结构、硬山筒瓦顶，设计考究，雕饰精美，古色古香。大院原为五进连环院，每座院落有正房 3 间，耳院 2 处，现为各自独立的院落。如今贺家大院二进院山墙上还留有“鸿禧接福”四个楷书大字砖刻。贺家大院见图 4-1-7。

图 4-1-6　建筑装饰（组图）

大门

厢房

正房

图 4-1-7 贺家大院

2. 公共建筑

（1）城隍庙。城隍庙（图 4-1-8）位于驿城的西南角，进深较大，从前街南侧直抵南城墙边。庙宇设有大门、二门两道门殿，大门之前建有大台阶。正殿为硬山筒瓦顶，东、西配房为单坡屋顶。城隍庙南部为庙园，最南有戏台一座。

（2）财神庙。财神庙（图 4-1-9）位于前街西端路北，为砖木结构、硬山筒瓦顶，有两进院落，前为财神庙，后为三义庙。庙前设门楼，外悬“财神庙”匾额，内悬“异姓同心”匾额，财神殿明间高挂“钱同人性”匾额，皆为蓝底金字。财神殿内供奉三位财神，殿内西侧山墙留有彩色壁画，内容丰富，色彩鲜艳，笔触细腻。

（3）驿丞署。驿丞署（图 4-1-10）为明代建筑，是清康熙三十五年（1696 年）后驿城最高官员驿丞办公之所。其建筑为砖木结构、硬山筒瓦顶，有两进院落，前殿后宅，并建有后花园。

图 4-1-8　城隍庙

正面

大门

图 4-1-9　财神庙

（4）龙神庙。龙神庙（图 4-1-11）院落宽敞，建筑为砖木结构、硬山筒瓦顶，正殿及两侧耳房建在台基之上。

（5）文昌宫。文昌宫（图 4-1-12）格局严谨，有山门、正殿、斋堂、七贤祠等建筑物。现存清道光年间的《重建鸡鸣驿文昌宫碑记》详细记载了当时文昌宫的重修情况："惟是文昌宫，自乾隆壬辰（三十七年，1772 年——作者注）至道光戊戌（十八年，1838 年——作者注），历六十有六年矣，垣墙颓败，金丹剥落……正殿东西寿堂，廓旧基而新之，添建抱厦一间……"

（6）指挥署。指挥署（图 4-1-13）位于头道街北侧，为清代驿城内最高军事指挥长官的驻地，有多进院落。《宣化府志》载："鸡鸣驿把总署，在本驿堡内，旧守备署改建。"

（7）泰山行宫。泰山行宫（图 4-1-14）又名"泰山庙"，规模较大，为供奉碧霞元君的庙宇。其内部建筑为砖木结构、硬山筒瓦顶。庙中有 3 间正殿，前出抱厦，左右设耳房，东西设配殿，门楼与正殿坐落在同一轴线上。正殿内有 48 幅彩绘连环壁画（图 4-1-15），色泽明艳，人物生动，每幅图都配有简短上口的文字。庙南隔街设庙园。

后花园一角

大门

图 4-1-10　驿丞署

大门

正面

图 4-1-11　龙神庙

正面

大门

图 4-1-12　文昌宫

一进院

二进院

图 4-1-13　指挥署

图 4-1-14　泰山行宫

图 4-1-15 泰山行宫壁画

第二节 非物质文化遗产

鸡鸣驿乡建于明代，明代以前的原住民、明代以来几次迁徙而来的移民、明清驿站解雇的驿卒、1952 年官厅水库的移民以及改革开放后的外来人员聚集在此处，各种语言、习俗、文化在这里不断融合，逐渐形成了鸡鸣驿特有的文化习俗。这里的传统文化很大程度上体现在古建筑上，如建筑墙面上有“代代封侯”“状元夸街”“鸿禧接福”“五福捧寿”等吉祥文字砖雕；隔扇上有“梅兰松竹”“琴棋书画”等木雕；庙宇内有全本《三国演义》《西游记》《泰山奶奶本生图》壁画；大街上各个时期留下的标语、戏台上早年戏班演出的题榜仍清晰可见。乡里每年有三四十场大戏上演，这些都对当地传统文化的形成、繁荣和传承产生重要影响。该乡的民俗表演见图 4-2-1。

图 4-2-1 民俗表演

第五章 阳原县

阳原县位于河北省西北部，地处内蒙古高原与华北平原的过渡地带。县域总面积约为 1 849 平方千米，下辖 5 个镇（西城镇、东城镇、化稍营镇、揣骨疃镇、东井集镇）、9 个乡（要家庄乡、东堡乡、井儿沟乡、三马坊乡、大田洼乡、高墙乡、辛堡乡、马圈堡乡、浮图讲乡）。县政府驻地为西城镇。

第一节 浮图讲乡

浮图讲乡位于阳原县中南部，距阳原县城约 16.5 千米，乡域面积为 168 平方千米。浮图讲乡下辖 20 个行政村，乡政府驻地为浮图讲村。

开阳村

（一）村落概况

基本情况 开阳村位于阳原县城东南方向，村落平面呈正方形，分前、后两部分，前边是有多年历史的旧堡（称开阳堡），后边是后建新村。开阳堡堡墙东西长 350 米，南北长 210 米，只在南侧开城门一处。城门由青砖和条石垒筑而成，门洞内的铺路石被行人车马踏磨得光滑如镜。该城门至今仍是村民出入的主要通道。2012 年，开阳村被列入第一批中国传统村落名录，2014 年被列入第六批中国历史文化名村，2016 年被列入中央财政支持范围的中国传统村落名单。

历史沿革 据记载，开阳堡是战国时期赵国代郡之安阳邑。《史记·赵世家》明确记载阳原县境内最古老的村庄便是开阳，故开阳有“开阳原县村庄先河”之说。据《察哈尔通志》载，今开阳堡为唐代重建。开阳堡繁华鼎盛之时，当属唐代初期，古堡由盛转衰则始于清咸丰年间，衰败的主要原因是古堡周围的大片森林被砍伐，自然生态的破坏和沙漠化把曾经辉煌的开阳堡变成了关内的“楼兰古城”。

（二）空间格局

古代开阳人在建造城堡时讲究周易八卦，选址时把城堡规划在一个形如“灵龟探水”的“龟背”上。堡内的街道规划一改传统的以南北中轴线为南北大街的格局，而是形成了南、北两条较对称的大街及东、西两条街，形成“井”字结构，把整个古堡划分为九部分，史称“九宫街”。除中宫外，其余八宫均按后天八卦卦形布置街巷，此属全国罕见。开阳村的村落环境见图 5-1-1，民居鸟瞰见图 5-1-2，街巷空间见图 5-1-3。

图 5-1-1 村落环境

图 5-1-2　民居鸟瞰（组图）

（三）物质文化遗产

开阳村从民居聚落到街巷空间，再到建筑单体，都保留了原有的尺度，整体形态随地形高低错落变化，空间环境变化丰富。除了庙宇采用清一色的青砖灰瓦外，其余建筑全为土墙、土顶。

1. 传统民居

从古时保留至今的开阳民居，其建筑多为典型的黄土高原窑洞，类型有石窑、土窑、砖窑、土挖窑，也有砖瓦房、土房等。村中多处房屋和窑洞都有着 200 多年的历史。民居中保留了大量精美的砖雕、木雕及石雕。传统民居见图 5-1-4 和图 5-1-5，民居内的水井与辘轳见图 5-1-6。

图 5-1-3　街巷空间（组图）

图 5-1-4　传统民居 1（组图）

图 5-1-5 传统民居 2

2. 公共建筑

开阳村至今仍保留着较为完整的街道和古堡城墙。开阳村的古建筑有弥勒佛殿、关帝庙、戏楼、城隍庙、真武庙、龙王庙、观音殿、十殿阎罗庙、玉皇阁等。

（1）弥勒佛殿。弥勒佛殿现存于堡门外南面，为砖木结构、硬山双坡顶，面阔3间，见图5-1-7。

（2）真武庙。真武庙为村内的主要建筑之一，坐落在北城垣上，由前、中、后三进院落组成。前院由砖雕小门、东西房组成，沿中轴线石砌台阶而上进二门楼为第二进院落，最后一进院落位于高大的台基之上，院落中有砖木结构的正殿，面阔 3 间，屋顶为硬山瓦顶，殿前立有石碑一块。真武庙目前损毁较为严重，见图 5-1-8。

图 5-1-6 水井与辘轳

（3）观音殿。观音殿供奉的是观世音菩萨。观世音菩萨是慈悲和智慧的象征，在民间信仰中占据重要的地位。观音殿现存于古堡内，为砖木结构，面阔 3 间。观音殿殿身损坏严重，见图 5-1-9。

图 5-1-7　弥勒佛殿

正面

石碑

图 5-1-8　真武庙

侧面

正面

图 5-1-9　观音殿

（4）十殿阎罗庙。十殿阎罗庙（图 5-1-10）现存于古堡内，其建筑为砖木结构、硬山筒瓦顶，面阔 3 间。殿内顶部有彩绘浮雕，墙壁上有彩绘壁画。

（5）玉皇阁。村内最古老的物质遗存为开阳堡南堡门上的玉皇阁（图 5-1-11）。它是全堡最高建筑，面阔 3 间，为歇山顶，有五脊六兽、斗拱飞檐，檐角的昂嘴被雕刻成精致的象头，造型独特。其美观坚固的建筑构件充分体现了建造者的艺术造诣和审美情趣。屋顶覆盖琉璃瓦，显得富丽堂皇。据碑记，玉皇阁在清同治年间进行了修复，仍保留了唐宋建筑风格。

顶上浮雕

正面

壁画 1

侧面

壁画 2

图 5-1-10 十殿阎罗庙

侧面

正面

屋架及铺作

斗拱飞檐

檐下雕花

图 5-1-11　玉皇阁

图 5-1-12　堡墙 1

3. 历史环境简介

开阳堡堡墙东西长 350 米，南北长 210 米，墙基宽 5~6 米，墙高 8~10 米，堡墙四周筑有墩台 16 个。墩台是紧贴堡墙外面的方形土台，其作用为加固堡墙，建巡城哨所。整个堡墙是用白垩土和黄胶土混合夯实而成的。现存堡墙见图 5-1-12 和图 5-1-13。

图 5-1-13 堡墙 2

第二节 非物质文化遗产

图 5-2-1 扭秧歌

开阳村民间花会艺术源远流长，有秧歌、旱船、戏班唱戏等多种形式。每逢正月十五、庙会等重大场合，村中均有演出，各种演出都具有独特的艺术风格。图 5-2-1 是村民们在扭秧歌。

庙戏源于庙会，庙会源于集市，为庙会助兴而演的戏及因事或因病许愿而演的戏统称庙戏。开阳堡的庙戏有多种，多为祭祀神灵、祈求丰收或保佑平安等，与村民的生产生活息息相关。

第六章 张北县

张北县位于河北省西北部、外长城以北。全县总面积为 4 185 平方千米。该县属高原丘陵区，大致分为东南坝头区、西部丘陵区和中部平原区 3 个类型。东南部与崇礼区交界，桦皮岭为全县最高点，海拔 2 128 米；北部、中部地势平坦，向西北渐低，安固里淖为最低点，海拔 1 300 米。张北县下辖 18 个乡镇，共 366 个行政村。县政府驻地为张北镇。

第一节 油篓沟乡

油篓沟乡位于河北省张家口市张北县南部坝头山区，乡政府驻地在油篓沟村。张化公路贯穿其境。该乡平均海拔 1 300~1 600 米，地势南高北低，地域宽广，起伏较小。乡内山谷丘陵、岗梁漳地、水淖草滩相间分布，为典型的波状高原景观。

黄花坪村

（一）村落概况

基本情况 黄花坪村位于张北县最南缘，形如“山角地”，是草原天路沿线上的一个淳朴美丽的村庄。其东接崇礼区，西靠万全区，南临张家口大境门，体现了古人“依山而居”的选址理念。村落至今有保存完好的传统院落 40 处。2014 年，黄花坪村被列入第三批中国传统村落名录。

历史沿革 黄花坪村建于清宣统年间，因此处生长一种黄色的花（当地人称“鸡蛋黄花”），而得名“黄花坪”。

（二）空间格局

黄花坪村呈“一”字形布局，张库古商道在村东蜿蜒而过，村内古长城遗址紧临草原天路。村内房屋错落有致，街巷随地形变化，并和院落有机连接。该村的村落环境见图 6–1–1。

（三）物质文化遗产

黄花坪村为河北省西北部坝头沿线原生态村落景观的代表，村落建筑依山而建，保存完整，为坝上乡土建筑构建方式之典范。传统建筑以土坯房和砖瓦房为主，建筑形式简洁，建造手法表现为粗材细做，显示出建筑与性格质朴、感情细腻的坝上人的完美融合。

黄花坪村建筑的墙体材料以网子坯、石头为主。网子坯是用方形木制模具将晒干的秸秆和泥土用水混合制成的一种建房材料。建房时，人们用石头将墙基砌好，将网子坯层层相叠，构成主体墙，屋顶全由木构架承托，墙壁仅起维护和分隔空间的作用。用网子坯建成的房屋冬暖夏凉。村内的传统民居见图 6–1–2，图中右下角分图为民居中常见的由土块、石块和树枝搭的院墙。村中民居内的古井见图 6–1–3。

图 6–1–1 村落环境

图 6-1-2　传统民居（组图）

图 6-1-3 古井（组图）

第二节 非物质文化遗产

（一）东路二人台

二人台流传于坝上地区，因其有别于内蒙古呼和浩特以西流传的二人台，故称“东路二人台”。明末清初，内地居民逐渐向外迁移开荒种地，大量商贩及民间艺人也由大境门向北流入该村，在坝上地区形成了蒙汉杂居区及当地特有的民间艺术。东路二人台的表演分为歌舞和小戏两种类型。音乐分唱腔和伴奏曲牌两部分，表演形式为一丑一旦，后来随剧情变化而变得复杂。东路二人台引进并吸收戏曲的特点，增添其他角色，逐渐向戏剧方向发展。东路二人台表演见图 6-2-1。

图 6-2-1 东路二人台表演

（二）特色饮食

莜面是当地的特色食品，其制作原料为莜麦。张北县是优质莜麦的主要产地，属东亚大陆性季风气候中的温带亚干旱区，光照充足，昼夜温差大，气温低，极适合莜麦生长，故有“莜麦之乡”之誉。莜面的做法有蒸、炸、汆、烙、炒五种，所做食品深受人们欢迎。莜面食品见图 6-2-2。

图 6-2-2 莜面食品

第二篇 秦皇岛篇

秦皇岛位于河北省东北部，南临渤海，北依燕山，东接辽宁，西近京津，地处华北、东北两大地区接合部，位于环渤海经济圈中心地带，距北京 280 千米，距天津 220 千米，是国家历史文化名城、河北省唯一的零距离滨海城市，享有“长城滨海公园”“京津后花园”的美誉。秦皇岛市下辖海港区、北戴河区、山海关区、抚宁区 4 个市辖区，昌黎县、卢龙县、青龙满族自治县 3 个县，以及秦皇岛经济技术开发区、北戴河新区。秦皇岛陆域面积为 7 802 平方千米，海域面积为 1 805 平方千米。

第七章 抚宁区

抚宁区位于河北省东北部秦皇岛市中心地带，南临渤海，北靠燕山，东部与北部分别与海港区、北戴河区、青龙满族自治县接壤，西与昌黎、卢龙两县相邻。抚宁区地处辽西走廊，扼华北与东北之咽喉，地理位置十分优越。抚宁区总体地势北高南低，按山地→丘陵→平原→海岸滩涂呈阶梯状分布，延伸到海。1988 年抚宁县被国务院列为沿海开放县，县政府驻地为抚宁镇。2015 年撤销抚宁县，设立秦皇岛市抚宁区。抚宁区下辖 4 个镇（抚宁镇、榆关镇、台营镇、大新寨镇）、2 个乡（茶棚乡、深河乡）、3 个街道（骊城街道、南戴河街道、留守营街道）、3 个管理区（坟坨管理区、下庄管理区、田各庄管理区）。

第一节 大新寨镇

大新寨镇位于河北省秦皇岛市抚宁区北部山区，坐落在燕山脚下、长城以南，下辖 49 个行政村，镇域面积约为 183 平方千米。

界岭口村

（一）村落概况

基本情况 界岭口村位于抚宁区最北部，属大新寨镇管辖，距大新寨镇政府所在地约 11 千米，村域总面积为 5 平方千米。界岭口村原为界岭口关城，关城为砖筑而成，设西门，门上建城楼。城门外建有东、西两个月城，中隔一水。现只存东月城，其依山而建，砖筑墙体随山势弯曲延伸。河对岸西山上曾建有和东月城相似的西月城，如今仅留有遗址。目前该村整体面貌保存良好。界岭口村为河北省历史文化名村。2014 年，界岭口村被列入第三批中国传统村落名录，2016 年被列入第二批中央财政支持范围的中国传统村落名单。

历史沿革 界岭口村位于燕山南麓，据《抚宁县志》记载，唐天祐年间，董、乔、张、万四姓人家由山东迁入此地居住，因此地北靠界岭，曾经是汉族与蒙古族、满族等游牧民族的分界线，又位于关口处，故村庄取名界岭口。界岭口地势险要，易守难攻。明洪武十三年（1380 年），在这里修筑界岭口关。明弘治十三年（1500 年）重修关城，当时关城“高三丈五尺（约 11.7 米），周三百七十五丈四尺（约 1 250 米），西门有楼，外有瓮城”，成为蓟镇长城的重要关隘之一。明万历二十七年（1599 年）的《永平府志》称，蓟镇长城“三十三关，此为最要”。

（二）空间格局

界岭口村整体呈叶脉状布局，每户院落布局均按地形肌理自然形成。界岭口村内横纵的老街道各 3 条，均保留了历史街道的线形及空间尺度，街巷均以步行街为主。界岭口村的村落环境见图 7-1-1，村庄入口见图 7-1-2，街巷空间见图 7-1-3。

图 7-1-1　村落环境

图 7-1-2　村庄入口

（三）物质文化遗产

1. 传统民居

界岭口村的民居建筑以明清时期民居为主，大约 1/3 的传统民居仍保存完好。民居多采用青砖灰瓦、硬山屋顶的建筑形式。宅院讲究前堂后寝、中轴对称、主次分明。院落宽敞气派，建筑设计精美。界岭口村现存的清代民居多采用四合院形制，一般为三间一幢，一堂两卧，其结构形式、开间、举架、装修等都反映了当时民居的建筑特点。村内的传统民居及其细部见图 7-1-4。

图 7-1-3　街巷空间（组图）

图 7-1-4 传统民居及其细部（组图）

界岭口村稍具规模的传统民居，其建筑正面一般由水磨青砖砌成，表面光润，砖缝细腻，建筑基础为坚实耐风化的石材。古井台、门框、墩台、壁灯槽等处有石雕装饰。在建筑的墙头、檐下、门额、窗额、通花漏窗等处运用了丰富的砖雕、彩画等装饰手法。

2. 历史环境简介

（1）古井。村中古井具有悠久的历史，见图 7–1–5。

（2）界岭口西城门、城墙。界岭口西城门（图 7–1–6）拱券外侧高 4.7 米，内侧高 5.3 米，进深 9 米，宽 5.5 米。城墙高 3~6 米，宽 4.5 米，向两侧延伸，周长约 1 300 米。目前，北城墙破损严重，南城墙保存较好。城墙局部见图 7–1–7。

（3）界岭口长城。界岭口村周边现存完好的长城城墙有 1 000 余米，环绕整个村庄，见图 7–1–8。

图 7–1–5　古井

冬季时的城门

夏季时的城门

图 7–1–6　界岭口西城门

图 7–1–7　城墙局部（组图）

图 7-1-8　界岭口长城

第二节　非物质文化遗产

抚宁区非物质文化遗产包括传统手工技艺、民俗活动、民间舞蹈、民间音乐等。

“逛楼”是明代抗倭名将戚继光所率领的守护长城的“楼台军”的后裔为祭奠和缅怀祖先而形成的一项古老民俗。楼台军生活异常艰苦，为稳定军心，允许军士带家属戍守边疆，每个家族驻守一座空心敌楼。守楼人去世后多葬在其守护的敌楼之下或附近。后世子孙为了缅怀先人，每年清明节都会携带祭品，到长城脚下去祭奠，然后领着孩子们到祖先当年戍守过的敌楼上走一走，看一看，讲一讲。这种习俗 400 多年来代代相传，延续至今。老百姓将这一祭祀活动称为“逛楼”。

抚宁太平鼓舞起源于汉代，成熟于唐宋时期，兴盛于明清时期，清代中叶已广为流传，多为妇女所舞。抚宁太平鼓舞分为舞蹈表演和太平鼓演奏两大部分，用于节庆等场合，在炕头、屋内、庭院、广场、舞台均可表演。抚宁太平鼓舞是边舞边击鼓的舞蹈，主要表现了广大人民群众同享太平、庆贺丰收的喜悦心情。其舞蹈形式可分为独舞、对舞、轮舞、群舞等；队形变化有夹寨子、串门子、龙摆尾等 20 余种；舞步有踏步、虚步、碎步、进退步等 30 余种，并利用逗趣、偷看等表演动作使得舞蹈更加活泼、诙谐、真实。太平鼓是抚宁太平鼓舞中的唯一道具，既可演奏出单一的音高和音色，又可演奏出混声的音高和音色。演奏方法有独奏、重奏、对奏等 20 余种。

抚宁区鼓吹乐已有 400 余年历史，不但在当地享有盛名，而且影响远及秦皇岛、唐山以及东三省，是河北民间器乐中最具代表性的鼓吹乐种之一。抚宁区鼓吹乐曲目丰富，素有“牌子十四套，小曲赛牛毛”之说。现存乐曲有秧歌曲、大牌子曲、汉吹曲、花吹曲、杂曲五大类共 200 余首。它以不同形制的唢呐为主奏乐器，此外还有用于咔戏的“咔碗”，花吹中用的口琴以及其他多种常用乐器。其演奏方式多样，技巧独特，如线上、加花、三强音等，更有用于三节唢呐演奏的“拔三节”以及“别把”“串吹”等，将吹奏与形体动作表演有机结合在一起，其演奏风格既粗犷深厚又热烈活泼、风趣诙谐，具有浓厚的乡土气息。

第三篇　唐山篇

唐山市位于河北省东部，南临渤海，北依燕山与承德相连，东与秦皇岛接壤，西与天津毗邻，是连接华北、东北两大地区的要地。唐山市地处交通要塞，铁路、公路、高速公路、港口共同构成发达的交通网络。唐山市下辖 2 个县级市 (迁安市、遵化市)、5 个县 (迁西县、玉田县、滦县、滦南县、乐亭县)、7 个区 (曹妃甸区、路南区、路北区、开平区、古冶区、丰润区、丰南区)、4 个开发区 (海港经济开发区、高新技术产业开发区、芦台经济技术开发区、汉沽管理区)。

第八章 遵化市

遵化市位于河北省东北部燕山南麓，北倚长城，西顾北京，南临津唐，东通辽沈；西距北京 158 千米，西南距天津 175 千米，南距唐山 75 千米，北距承德 175 千米，东南距秦皇岛 150 千米。遵化市总面积为 1 521 平方千米，下辖 13 个镇（遵化镇、堡子店镇、马兰峪镇、平安城镇、东新庄镇、新店子镇、党峪镇、地北头镇、东旧寨镇、铁厂镇、苏家洼镇、建明镇、石门镇）、9 个乡（西留村乡、崔家庄乡、兴旺寨乡、刘备寨乡、团瓢庄乡、娘娘庄乡、西三里乡、侯家寨乡、小厂乡）、3 个民族乡（西下营满族乡、汤泉满族乡、东陵满族乡）和 2 个街道（华明路街道、文化路街道），市政府驻地为遵化镇。

第一节 马兰峪镇

马兰峪镇位于遵化市西北约 23 千米处，西与天津蓟州区接壤，北与承德市兴隆县相连。马兰峪镇是一个以满族为主，汉族、回族、蒙古族、壮族等多民族聚居的地区，镇域总面积为 50.8 平方千米，下辖 25 个行政村。2008 年，马兰峪镇入选河北省第二批历史文化名镇。

马兰峪古镇

（一）镇域概况

基本情况 马兰峪古镇镇域内现存全国重点文物保护单位惠陵、惠陵妃园寝、道光陵遗址、二郎庙、公主园寝等，还有北部的明代古长城、马兰关关隘、官房、峪河东东侧的清东陵东陪葬墓区、清东陵守护大臣府第、省级文物保护单位三皇庙及明代的永旺塔等。其中清东陵的惠陵、惠陵妃园寝与明长城已被列入世界遗产名录。

历史沿革 马兰峪古称马兰城，清道光年间此处建有兰阳书院，故又名“兰阳”。自马兰口建关隘起，此地即为驻兵之所，至今已有 2 000 余年的历史。其城池建于明洪武年间，出自大将徐达之策，为扼守马兰口关，在此屯军扎营，初称“马兰峪营”。明中期，抗倭名将戚继光在镇守边关时，在原来的石砌墙之外加砌砖墙，墙顶筑成垛口，门洞加上岗楼。清代时官兵又把南门洞上的岗楼扩为两层明楼，楼里塑上关帝像，并在东南和西南隅修上角楼，既为防务需要，又彰显其壮观。修葺后的山城位于府君山南麓，地势北高南低，周长 1 126.7 米，墙高 9.3 米。

（二）空间格局

马兰峪古镇因是驻军的营盘，未设北门。各城门门楼上均有玉石匾额，东门书“长泰”，门外 100 米处加建一座栅楼，上书“东藩”；南门匾额为“马兰峪营”。

（三）物质文化遗产

1. 公共建筑

（1）惠陵、惠陵妃园寝。惠陵是清同治皇帝的陵寝，位于马兰峪镇南 2 千米的双山峪。惠陵除未建石像生、神道不与孝陵相接外，其余规制均仿咸丰皇帝的定陵而建。其主要建筑从南到北依次为五孔拱桥、石望柱、牌楼门、神道碑亭、三路三孔拱桥、东西朝房、东西值班房、隆恩门、东西燎炉、东西配殿、隆恩殿、陵寝门、石五供、方城明楼、宝城宝顶，宝顶下为地宫。陵前东侧是神厨库，环以围墙，墙外是井亭。陵寝外围环以砂山。除东西值班房为布瓦盖顶外，其他建筑屋顶均用黄琉璃瓦。惠陵虽然建于清晚期，但用材质量较好，隆恩殿主体梁架采用名贵的楠木，木质坚硬，有“铜梁铁柱”之称。惠陵内与同治皇帝合葬的是孝哲毅皇后阿鲁特氏。

惠陵妃园寝是同治皇帝的妃园寝，位于惠陵西侧 100 米处。惠陵妃园寝仿定陵妃园寝而建，其始建和竣工日期与惠陵相同，其主要建筑有一孔拱桥、东西厢房、东西值班房、宫门、燎炉、大殿、园寝门、宝顶。大门外建筑为灰布瓦盖顶，大门内的建筑均以绿琉璃瓦覆顶。惠陵及惠陵妃园寝鸟瞰见图 8-1-1。惠陵的内部建筑见图 8-1-2 和图 8-1-3。

图 8-1-1 惠陵、惠陵妃园寝鸟瞰

琉璃花门

石五供及方城明楼

三路三孔拱桥

神道碑亭

牌楼门

琉璃影壁

图 8-1-2　惠陵内部建筑 1

神厨库

隆恩殿

隆恩门及东西朝房

图 8-1-3 惠陵内部建筑 2

（2）御佛寺。御佛寺坐落在遵化市马兰峪镇塔山，始建年代已不可考。据碑文记载，最初为“药王庙”，规制比较简陋，明万历年间重修。清康熙三十八年（1699 年）此庙毁于火灾，不久后人们捐资重建，这次重建扩大规模，并增祀三皇，遂改名为“三皇庙”。后因年久失修，此庙多有残破。清光绪五年（1879 年）普祥峪定东陵（慈安陵）和菩陀峪定东陵（慈禧陵）全部告竣，官民得暇，于是当地官商百姓再度捐资重修三皇庙，再塑金身，雕梁画栋，金碧辉煌。从此三皇庙就成了马兰峪一带规制最高的庙宇了。

1994 年三皇庙划归清东陵文物管理处管理。1997 年以来，清东陵文物管理处按照旧制恢复了部分殿堂，并且建成了 6.6 米高的释迦牟尼佛半露天佛像以及五百罗汉山。2006 年三皇庙被批准为宗教活动场所并对外开放，寺名也变更为“御佛寺”。2008 年 4 月遵化市佛教协会成立，办公地点设在御佛寺。源生法师进驻后，按照汉传佛教中型寺院标准重新进行了规划。规划后的整体布局为拱桥、牌坊、大山门、天王殿、钟鼓楼、影壁、小山门、大雄宝殿、观音殿的三重殿格局，配殿有药王菩萨殿，东跨院为塔院，西跨院有牌坊、三皇殿（作为寺院历史文化而保留）、客堂、念佛堂、法物流通处、斋堂、佛教协会办公区、罗汉山，天王殿与钟鼓楼为新建，大雄宝殿、观音殿、药王菩萨殿、三皇殿为改建。截至 2012 年 8 月，规划已经全部完成，寺院功能基本具备。寺院复建过程时断时续，历时长达 15 年，为这座京东古刹带来了崭新的面貌和活力。御佛寺见图 8-1-4 和图 8-1-5。

大山门

三皇殿

门前拱桥

观音殿

小山门

药王菩萨殿

图 8-1-4　御佛寺 1

（3）二郎神庙。二郎神庙（图 8-1-6 和图 8-1-7）位于马兰峪西南 500 米的山坡之上，始建于明代，坐北朝南，建有山门、钟鼓楼、大殿、东西配殿。大殿“忠平宝殿”供奉二郎神、吕祖和关圣帝，东西配殿分别为财喜殿、福寿殿，供奉财神、喜神、福神、寿星等。后面为百佛堂，建有山门、大雄宝殿、观音殿、药师殿等，供奉着弥勒佛、释迦牟尼佛、观世音、药师佛，以及文殊、普贤等各大菩萨，是清东陵陵区内唯一一座庙宇。二郎神庙内的百佛堂见图 8-1-8 及图 8-1-9。

大雄宝殿

钟楼

图 8-1-5 御佛寺 2

山门

福寿殿

忠平宝殿

财喜殿

图 8-1-6 二郎神庙 1

钟楼

鼓楼

图 8-1-7　二郎神庙 2

百佛堂

大雄宝殿

观音殿

药师殿

图 8-1-8　百佛堂内建筑

图 8-1-9 百佛堂内的精武堂

2. 历史环境简介

（1）明长城。在马兰峪北部，有一段横贯东西的长约 10 千米的明长城（图 8-1-10），其中有两个著名的城口，即马兰口和鲇鱼口。马兰口在马兰关北（当地人称正门城口）。鲇鱼口在现在的上关村北。所谓口就是长城的豁口，为了内外交通方便，马兰口南侧的东、西方向各建有一个小城，当地人称东营、西营（现为马兰关一村）。鲇鱼口内建有鲇鱼关城，这些城在清代都是屯兵之所。现在马兰口的东营部分城墙尚存。鲇鱼口东侧长城部分已修复。

（2）永旺塔。永旺塔（图 8-1-11）为河北省文物保护单位。该塔位于马兰峪堂子山山顶东端、三皇庙以东 100 米。永旺塔建于明万历十年（1582 年），塔高约 17 米，直径约 3 米，塔身为八棱形，为 8 层密檐实心结构。永旺塔为砖塔，由塔刹、塔身、塔基 3 部分组成。塔基分上、下两层，下层用方石砌成，上层须弥座由青砖垒砌，束腰 32 个壶门间柱相隔，且均有砖雕。座上为砖雕斗拱出檐，檐上第一层塔身高约 6 米，在塔身 8 个转角处各有一座小塔，造型与主塔相似，一半外露，一半嵌入塔身，与主塔浑然一体，故又有“九塔”之称。塔身 8 面均有假窗，南、北两面有砖券假门，门内雕有佛像。北面门上的石匾刻有“永旺塔”3 字。塔基之上为密檐 7 层，叠涩出檐，每层的 8 个角处均悬挂风铎，塔刹以宝珠封顶。全塔造型舒展和谐，比例适中，砖雕技艺精湛，图案古朴素雅。400 多年来，永旺塔作为马兰峪的标志性建筑，一直是马兰峪的象征。

图 8-1-10 明长城（组图）

细部

外观

图 8-1-11 永旺塔

官房村

（一）村域概况

基本情况 遵化市马兰峪镇的官房村是河北省历史文化名村，坐落在马兰峪镇北部、燕山南麓丘陵区。村域地势北高南低，马兰河自北向南流经全村。村庄内街区巷道基本保存了历史格局，但文物古迹受自然风化、人为作用等影响，损毁比较严重，古建筑墙上的流水瓦几乎遗失殆尽，部分具有一定历史的建筑破损严重，甚至面临倒塌。

历史沿革 官房村戍边守关的历史悠久，兴盛于明清时期。其北部明长城著名的关口“马兰关”的驻军营房号称“东营”和“西营”，徐达、戚继光曾先后督建该关口。按现制讲，官房属于守军军官的“家属院”。清朝时官房为护卫皇家陵寝的驻军高级官员的住所，清咸丰年间清政府设的铸币局“宝蓟局”就在官房村内。当时村周围建了一道长近千米的砖墙，东面设正门，大门内外建影壁，南侧设一便门。整个村落古香古色。

（二）空间格局

官房村是北方地区典型的传统村落，其空间采用方格网式布局，工整、和谐，街巷保留原有格局，村内建筑大部分坐北朝南。村落的位置和布局体现了人们尊重自然的传统理念，符合藏风纳气、负阴抱阳的传统建筑理论，与周围的地形地貌及自然山水景观相得益彰。

清顺治十八年（1661 年）官房村附近修建陵寝后，此处成为守陵机关驻地。历史上，官房村内无论是官员还是兵丁的房屋，一律坐西朝东，称西厢房，东面设正门，南面设便门。官房村有多条保存较为完整的、景观连续的历史街巷。这些街巷形成于清末民初，长度在 85 米以上的街巷有 10 条，其中最长的达 120 米，且排列有序，布局规整。官房村的街巷空间见图 8-1-12，入口牌楼见图 8-1-13。

（三）物质文化遗产

1. 传统民居

历史上官房村的民居多为四合院，带东、西跨院，讲究前堂后寝、中轴对称、尊卑有别、主次分明。院落宽敞气派，符合中国传统的建筑格局。单体建筑采用标准的官式做法，十分讲究。

图 8-1-12 街巷空间（组图）

牌楼内侧

牌楼外侧

图 8-1-13 入口牌楼

村内房屋虽经改建，但多数仍采用青砖灰瓦、坡屋顶、歇山式的建筑风格，四周围墙部分保留灰瓦盖顶模式，屋顶烟囱采用将军帽造型。

（1）民居一号院。民居一号院（图 8-1-14 和图 8-1-15）采用青砖灰瓦、坡屋顶、歇山式的建筑风格，建筑正面由水磨青砖砌成，表面光润，砖缝细腻。建筑的墙头、檐下、门额、窗额、漏窗等处则运用砖雕、彩画等装饰手法。

（2）民居二号院。民居二号院（图 8-1-16 和图 8-1-17）采用砖墙、硬山顶，建筑正面由水磨青砖砌成，表面光润，砖缝细腻。民居建筑的屋顶、门窗和墙面的装饰部分采用古代建筑元素，独具韵味。屋顶上的烟囱为传统的将军帽样式。

外观

正房

大门外侧

图 8-1-14 民居一号院 1

檐下彩画

大门内侧

图 8-1-15　民居一号院 2

院落

大门

正房

影壁

图 8-1-16　民居二号院 1

图 8-1-17 民居二号院 2

图 8-1-18 “刀把形”院墙

2. 历史环境简介

（1）“刀把形”院墙。由于村庄东北部有马兰河流过，为避免洪水冲击院墙，人们在此留了一块长 50 米、宽 30 米的方形缺角，称为“刀把形”院墙（图 8-1-18）。

（2）围墙。官房村围墙（图 8-1-19）是清朝时期所建，南北长 290 米，东西宽 210 米，墙体厚 1 米，高 3 米，总长约 1 000 米；东墙中部有一座歇山式布瓦顶门楼，整体由青砖砌成，古朴浑厚。

图 8-1-19 围墙

第二节 非物质文化遗产

花会是当地人喜欢的文娱活动。据说清康熙皇帝的十四皇子允禵十分喜爱花会，由他牵头成立了皇家花会。最出名的项目有狮子、龙灯、高跷、旱船、霸王鞭等。跑旱船见图 8-2-1。由于临近皇陵，当地住有大量旗人，他们的文化素养很高。受他们的影响，当地人的文化水平也相对较高，出现了许多书画名家。比如马兰峪铁艺画就是当地独特的艺术形式。

图 8-2-1 跑旱船

第九章 迁安市

迁安市位于河北省东北部、燕山南麓，滦河两岸，总面积 1 227 平方千米，下辖 12 个镇（迁安镇、马兰庄镇、夏官营镇、蔡园镇、建昌营镇、沙河驿镇、赵店子镇、木厂口镇、杨店子镇、杨各庄镇、野鸡坨镇、大崔庄镇）、7 个乡（扣庄乡、阎家店乡、太平庄乡、彭店子乡、五重安乡、大五里乡、上射雁庄乡）和 1 个城区街道办事处（迁安城区街道），市政府驻地为迁安镇。

第一节 建昌营镇

建昌营镇为河北省历史文化名镇，坐落于迁安市东北部，距离迁安市区约 18 千米，扼冷口关，是青龙、卢龙、迁安 3 地交界处。全镇总面积约为 90.8 平方千米，是汉、回、满、蒙古、白、彝、朝鲜等 7 个民族的聚居地。建昌营镇自古就有“京东四大名镇之一”的美誉，有 100 多年的商贸流通历史，形成了别具特色的经营优势。

建昌营镇历史悠久，原始社会时期，这里就有人类聚居，他们使用极为简陋的石制生产工具，依燕山狩猎，傍沮水捕鱼。1958 年，建昌营镇改为红星人民公社，1961 年改为建昌营人民公社，1984 年恢复建昌营镇。

建昌营古镇

（一）空间格局

建昌营古镇地势较为平坦，街道布局为网格状。其中，镇政府为主要行政节点，清真寺为主要旅游节点，还有多个古建筑遗址节点、广场节点等。

（二）物质文化遗产

由于建昌营古镇是多民族聚居地，民居风格较为多样，尤其以回族民居最多，其特点是在入口处设一门斗，并有阿拉伯文字。由于种种原因，目前镇内保留下来的古民居已经不多。

1. 传统民居

镇内现存民居大部分为 20 世纪 50—70 年代的建筑及新建建筑，清末和民国时期的建筑共存43处，由于年代久远，房屋顶部、外墙面等均有不同程度的损坏。建昌营镇内的民居大多为小青瓦顶，院落多为一进院，建筑外墙及室外台阶等处多采用本地石材，门窗和柱采用本地木材，局部采用砖雕、木雕等装饰，体现出少数民族的传统特色。

民居的装饰多以材料原色或清淡的色调为主，大面积色彩为白、青灰、棕，屋顶多用灰瓦，墙面多用青砖，台基多用白磨石。彩色玻璃和花窗多采用深绿、蓝、紫或深红等颜色。瓦檐、木柱、梁枋、门等多用黑色、褐色或木本色。庙宇、祠堂等建筑多综合使用石雕、砖雕、木雕。木雕多用流畅的曲线和曲面，石雕常用于门框、柱、梁枋、柱础、台阶、栏板等地方，砖雕多用透雕手法。一些常见的建筑装饰见图 9-1-1 和图 9-1-2。村内的传统民居见图 9-1-3。

村内的汤家小院非常具有代表性，为典型的北方四合院格局，由四面房子围合起来形成内院式住宅。院落宽绰疏朗，四面房屋各自独立，又彼此连接，有青瓦砌成的门沿，2.5 米高的木制门旁边有两个精美的石墩（由于年代久远，图案已风蚀），正门上方有门楼，院内分上、下院，上院由多个整块石头堆砌而成，门窗均为拱形样式，四面房门都开向院落，院中的北房为正房，建在砖石砌成的台基上，

图 9-1-1 窗棂

图 9-1-2 抱鼓石

图 9-1-3 传统民居

是一座具有清代风格的两层楼阁。院子的两边建有东、西厢房，在正房和厢房之间建有小院。

2. 公共建筑

建昌营镇有一座朝东的古老清真寺（图 9-1-4~图 9-1-7），该寺东西长约 100 米，南北宽约 32 米，总面积约为 3 200 平方米。高 20 米的六角阁楼屹立在大殿窑屋之上，阁楼为六角攒尖顶，宝顶为一七彩陶葫芦顶，六角翘檐下垂滴水花瓦。该寺始建于明朝中期，当时因回族、汉族生活习惯不同，一些回民集中在建昌营西关建草屋居住，这一带居住的穷苦回民因陋就简筹建了 3 间草房作为礼拜寺，这就是清真寺的前身。

3. 历史环境简介

（1）仁义胡同。建昌营镇西街路南有一条宽 1.1 米、长 50 米的小胡同，叫“仁义胡同”（图 9-1-8）。相传

大殿山墙

六角阁楼

寺内廊道

侧殿

报厦与古柏

图 9-1-4　清真寺

图 9-1-5 清真寺大门

图 9-1-6 清真寺装饰（组图）

图 9-1-7　清真寺窗户（组图）

此胡同是明代时相邻的两户人家各让地一尺而得，当时的官府制作了一块横匾悬挂在胡同北口，上书“仁义胡同”，以表彰两家友善、和睦的美德。

（2）建昌营段长城——错城。冷口关以西、大龙王庙村以北有段十分奇特的长城，在方圆不到 5 千米的范围内，长城在一座山头上分了个岔，一段西行，一段北去，见图 9-1-9。北去之长城绕了一个半圆后与西行之长城会合，看上去就像一张弓。当地人称北去之长城为错城，意为这是一段修错的长城。传说在某个朝代，朝廷派了一位将军主持重修长城，长城修建到冷口时，将军为了诱惑敌人，没有按照图纸而是按照自己的意愿修了套子城。朝廷派官员前来查验，发现这段城墙修错了，不分青红皂白就把将军斩首了，并暴尸于套子城之上，士兵们不忍看见将军如此下场，一人一把土、一块石头把将军埋了，就有了现在的错城和将军坟。冷口关城南门见图 9-1-10。

图 9-1-8　仁义胡同（组图）

（3）古茶树。古茶树（图 9-1-11）位于建昌营镇教场沟村长城脚下，已有 500 多年的历史，传说是当年从南方调来修长城的民工从家乡带来了 7 棵茶树栽在了长城脚下，仅有这棵存活至今。

（4）摩崖石刻。冷口摩崖石刻（图 9-1-12）位于冷口关东侧崖壁上，凿刻有一段战事题记，面积约为 4.37 平方米，无边框，在天然石面上凿刻而成。石刻上的字行草相间，笔锋遒劲有力。

图 9-1-9　错城

图 9-1-10 冷口关城南门（组图）

图 9-1-11 古茶树

图 9-1-12 摩崖石刻

第二节 非物质文化遗产

迁安市的非物质文化遗产类型多样，比较知名的有以下几项。

（1）抬杆。抬杆也称抬杠，是迁安市别具特色的民俗活动。表演时，表演者被固定在一个特制的长 2 米、宽 3.3 米的台架上，由多人抬着行走。每架抬杆都是一组精美的艺术品。

（2）高跷。久负盛名的西关高跷以“惊、奇、险”著称，表演诙谐幽默，动作多样，功夫不凡，有鹞子翻身、寒鸦凫水、铡干草结、抱腿子、蹲腿子、蹿高桌和摞叉等。

（3）庙会。因建昌营镇的寺庙多，故庙会也多。元宵节后，镇上的庙会接连不断，有农历二月二“红庙”庙会、三月三“三皇庙”庙会、四月初五“白衣庵”庙会、四月十八“娘娘庙”庙会、四月二十四“药王庙”庙会、五月初五“雹神庙”庙会、六月初九“鲁班庙”庙会、七月十五“城隍庙”庙会、九月十七“财神庙”庙会等。每逢庙会镇里都要唱戏出会。这些庙会里最著名的是四月十八“娘娘庙”庙会。

（4）盒子。建昌营镇有一种奇特的烟火盒子。所谓盒子是指把多头的火花装入一个圆柱形的竹编纸糊的盒子里，在农历正月十五的灯会上或农村重大节日时，在广场上将大盒子吊在高处，用巧妙的方法点燃，伴随唢呐吹奏的乐曲燃放火花。然而，由于盒子的制作工艺烦琐且耗资较大，故其完整的制作技术没能传承下来，现在能制作盒子的人少之又少。

第四篇　廊坊篇

廊坊市位于河北省中部偏东，北临北京，东与天津交界，南接沧州，西与古城保定毗邻，地处环渤海腹地、京津两大城市之间。廊坊市面积约为 6 500 平方千米，主城区面积约为 54 平方千米。廊坊市地理位置优越，距北京市中心 40 千米，距天津市中心 60 千米，素有“京津走廊”“黄金地带”之称。廊坊市下辖 2 个市辖区（安次区、广阳区），8 个县、市（三河市、霸州市、香河县、永清县、固安县、文安县、大城县、大厂回族自治县）和 1 个开发区（廊坊经济技术开发区）。

民庇国护

第十章 霸州市

霸州市是廊坊市代管的县级市，是河北省首批扩权县市之一，地处河北省冀中平原东部，位于北京、天津、保定三角地带中心，属环京津、环渤海城市群。其北距首都北京约 80 千米，东距天津约 70 千米，西距雄安新区约 35 千米。目前，霸州市面积约为 801 平方千米，下辖 7 个镇（胜芳镇、霸州镇、信安镇、煎茶铺镇、南孟镇、堂二里镇、扬芬港镇）、5 个乡（王庄子乡、东段乡、东杨庄乡、康仙庄乡、岔河集乡）和 1 个省级经济技术开发区，市政府驻地在霸州镇。

第一节 胜芳镇

胜芳镇隶属河北省廊坊市霸州市，地处北京、天津、保定三角地带中心的东淀及其北岸，北距北京市 120 千米，东距天津市仅 35 千米，西距保定市 130 千米，镇政府驻地为胜芳村。改革开放以后，胜芳镇经济迅速发展，社会全面进步，1985 年胜芳镇成为河北省第一个亿元镇；1989 年胜芳镇东升街成为河北省第一个亿元村。胜芳镇获得“中国乡镇之星”“全国综合改革试点镇”“全国小康示范镇”“全国亿万农民健身先进镇”等荣誉称号。2008 年胜芳镇被评为河北省历史文化名镇。

胜芳古镇

（一）镇域概况

基本情况 胜芳古镇现有保存完好的省级文物保护单位张家大院、王家大院等古建筑群，按历史原貌复建的“胜芳三宗宝”（戏楼、牌坊、文昌阁），整修过的胜阳路、中山街、河沿街等仿古街道，重修的东桥、西桥、北桥、南浮桥等 4 座古桥以及胜芳博物馆等。

历史沿革 胜芳古镇始建于 2 400 多年前的春秋时期，原为水乡，始称堤头村，后称武平亭，570 年改名渭城。渭即渭水，经考证为今中亭河，流经胜芳。北宋仁宗年间，苏洵任文安县主簿，他将南方水稻、莲藕种植技术引入胜芳东淀，渭城自此菱荷飘香、芦稻相映，秀甲一方，文人墨客竞相以“胜水荷香”“胜水流芳”等诗句吟诵渭城，渭城也随之改名“胜芳”，且相传有“南有苏杭，北有胜芳”之说。明永乐年间，江浙、山东、山西等地民众及军人家属移居胜芳，并有一大批朝廷官员及家属被安置到胜芳，使胜芳的村落急速扩张，胜芳逐渐成为一个大型集镇和著名商埠。

（二）空间格局

在胜芳老城区，民居依水而建，街狭巷深，街无正街，巷无正巷，街巷以穿心河为中心，向四面八方延伸，民居胡同密布，多相互通连，胜芳老城区有名字的胡同就达 220 多条。

（三）物质文化遗产

胜芳古镇现存明清时期的古建筑 20 多处以及民国初期的建筑 90 多处。

1. 传统民居

胜芳古镇的民居大多建于清朝，深受西式建筑风格的影响，将西式的建筑风格融入传统清式四合院的立面造型与装饰中，无论是外部装饰结构还是室内装饰、摆件皆设计精美，尤以彩绘砖雕为甚。其中以王家大院和张家大院最为典型。

（1）王家大院。王家大院（图 10-1-1）始建于清光绪六年（1880 年），位于胜芳镇中山大街，户主王子坚是当年“胜芳八大家”之一。王家大院占地面积为 652 平方米，建筑面积为 518 平方米。宅院大门朝西，原含 4 个小院，东北角小院为欧式建筑风格，东南角小院为非洲式建筑风格，西北角小院为中国传统建筑风格，西南角小院为前院，有欧式门窗、四面回廊。1976 年唐山大地震使西南、东南两院及大门、二门、三门均遭损毁，现在西北和东北两院保存基本完好。3 道门风格各异，其中大门为大虎座门楼，门楼上额砖雕细腻，共 3 方，分别雕有“北京白塔寺”“上海百老汇”“天津墙子河”图案。西北院的清式建筑为青瓦屋顶，外装饰为四梁八柱，正面为“满堂红”，古式门窗上有油漆彩画。东北院的欧式房屋为清水墙，配有砖雕、木门窗，建筑下部均设透气孔，通风防潮。两院顶棚、墙面为白灰抹面，地面原为木地板，后均改为水泥砂浆地面。2008 年，胜芳镇王家大院入选河北省第五批省级文物保护单位。

（2）张家大院。张家大院（图 10-1-2）位于胜芳镇中山大街南侧，始建于清道光十年（1830 年），原房主为“胜芳八大家”之一的聚兴堂张家。这所大宅院基本保持了原貌，占地面积为 1 648 平方米，建筑面积为 1 015 平方米，共有 4 个四合院，西侧两院建筑均为清式木构架硬山顶建筑；东侧两院为欧式建筑，四周为封闭式砖墙，中间有穿堂鸳鸯厅，为一厅四室。4 个小院均有小门，以回廊连通。大院临街有垛口和女儿墙，屋顶周边有更道。2001 年 6 月霸州市人民政府将其列为市级文物保护单位，2008 年，张家大院入选河北省第五批省级文物保护单位。

局部装饰 1

局部装饰 2

局部装饰 3

西北院外部

东北院外部

西北院内院

图 10-1-1 王家大院

清式院落

大院局部

图 10-1-2 张家大院

（3）杨家大院。杨家大院（图 10-1-3）建于 1930 年，基本保持了原貌，其占地面积约为 1 000 平方米，建筑面积约 635 平方米。杨家大院为中国传统砖木结构建筑，主房为清式青瓦屋顶，配房为平顶结构，挑檐均采用传统式青瓦接驳。砖房檐椽由青砖磨制而成，配房前廊为木椽挑檐，出水沟为石刻水槽。门楼以青砖磨砖对缝砌成，部分为水磨石，有水刷石装饰。

2. 公共建筑

（1）胜芳戏楼。胜芳戏楼（图 10-1-4）约建于清乾隆年间，重修于清咸丰年间。戏楼坐南朝北，为砖木结构、歇山顶，屋脊两端有砖刻兽头，屋顶四角有跑兽，左右前檐飞翘为翼，东西檐脊上刻有 10 尊栩栩如生的鸟兽，两边檐角各悬一只铜铃。正面有两根明柱支撑，檐下施包袱彩画。戏台高约 1.5 米，周围镶以汉白玉条石，中间以木制屏风分隔前后台，木屏风两侧设“出将”“入相”二门，戏楼正中悬一竖匾，蓝底金字，上有楷书“九成楼”，为清代举人刘标所书。戏台正中悬有一块横匾，上书“动吕天倪”四字。当地流传谚语“胜芳镇三宗宝，戏楼、牌坊、文昌阁”，戏楼居三宝之首，是胜芳昔日有名的民间娱乐场所。现戏楼为 2008 年政府按照 20 世纪 20 年代和 50 年代的戏楼旧照复建的，复建后的戏楼由原址向北移了 400 米，位于王家大院西侧。

（2）文昌阁。文昌阁（图 10-1-5）位于胜芳镇东南，周围地势突起，如把胜芳镇比作一把折扇，文昌阁所在位置即是扇轴。相传文昌阁始建于明正德十四年（1519 年），历朝历代曾多次修葺，其中清乾隆初年的一次修葺规模最为宏大，时任直隶总督方观承亲自督导修葺。文昌阁为正方形 3 层砖木结构建筑，阁体高约 3 丈 3 尺（约 11 米），暗喻 33 层天。此阁下有基台，上有宝顶，寓意登高之人可攀天外之天，阁的底层四周砖墙内空旷无物，只有楼梯分布于大厅两侧。中层 3 面为砖墙，西北面为前敞式木结构。墙壁上均刻画有佛像，它们形态各异，制作精美。室内神龛供奉着文昌帝君塑像。第 3 层为全木架结构，周围一圈外廊，内部有魁星雕塑。正门是卷棚顶门楼，门外百步之遥为一占地数十亩的圆形池塘，深达丈许，系建阁时取土而成。“文革”中文昌阁被拆除，现文昌阁为政府依据张清泉先生拍摄

图 10-1-3　杨家大院

的文昌阁照片复建的。复建工程恢复了文昌阁的主体建筑，并对其外围环境进行了扩建。

（3）胜芳民俗博物馆。胜芳民俗博物馆（图 10-1-6）西傍王家大院，东临穿心河东桥，占地面积为 1 425 平方米，建筑面积为 2 171.95 平方米，现收藏展品 4 529 件，展出 2 049 件，涉及商业用品、陶瓷、宗教用品、书画、水乡渔具、民间工艺品、胜芳花会用品、农耕工具和生活用品等 9 类。民俗博物馆前身为“中苏友好文化宫”，如今建筑物上仍保留着这 7 个红色大字。

图 10-1-5　胜芳戏楼

3. 历史环境简介

（1）胜芳牌坊。胜芳牌坊（图 10-1-7）建于明末清初，位于原胜芳街正中心关帝庙前（今中山大街中段），全高 6 米，宽约 8 米，是一座独具特色的三门四柱飞檐木质结构建筑。牌坊的柱子立于方形抱柱石之上，抱柱石镶在石基之中，上面围有铁箍。顶部的斗拱飞檐均由凹槽式木块咬合而成，无钉无榫，向外伸出 1~2 米，4 根立柱直径约为 50 厘米，没有斜戗柱，这正是其独到之处。牌坊两侧各有一块匾额，北面书“人伦之至”，南面为“护国庇民”。现存牌坊为当地政府 2008 年复建的。

（2）南北桥。胜芳北桥是霸州市境内建造最早的铁桥，始建于 1919 年。此桥南 130 米还有一座构造相同的铁桥，叫南桥，两座桥合称南北桥。

图 10-1-5　文昌阁

图 10-1-6　胜芳民俗博物馆

南面

北面

图 10-1-7　胜芳牌坊

第二节 信安镇

信安镇位于霸州市区以东 24 千米处，东距天津市区 30 千米，镇域面积约为 40 平方千米。2012 年，信安镇被评为河北省历史文化名镇。

信安古镇

（一）镇域概况

信安自古便是水旱码头，也是北宋名将杨六郎镇守的三关之一——淤口关所在地。信安镇曾属津武县，1949 年后划归霸县，1958 年成立信安公社，1984 年改为信安镇。

（二）空间格局

信安镇内的道路呈网格状分布，一横四纵，街窄巷深，镇内民居、胡同密布。

（三）物质文化遗产

1. 公共建筑

信安镇的公共建筑主要为龙泉寺。龙泉寺（图 10-2-1 和图 10-2-2）在历史上曾是方圆百里有名的禅宗道场，寺门前一左一右有两个大石狮，寺院外墙为黄色，上覆黄色琉璃瓦。3 间门殿为绿琉璃剪边歇山顶，两边各开一个角门，殿内正中为阿弥陀佛塑像，殿两侧为四大天王塑像，即东方持国天王，持琵琶；南方增长天王，持剑；西方广目天王，持龙；北方多闻天王，持伞。因殿内塑天王像，故此处又称天王殿。阿弥陀佛像后为韦陀菩萨像，面北背南，正对门殿后门。寺院正中为大雄宝殿，建于 1 米高的砖砌台基上，面阔 3 间，覆绿琉璃剪边、四坡砌菱形绿琉璃的庑殿顶，殿顶由 16 根立柱支撑，殿内为条砖墁地，后墙左边镶有一石质浮雕，中间是佛像，两边有龙的图案相围；右边镶有一石碑，记述了明崇祯十三年（1640 年）此寺的重修情况。殿正中为释迦牟尼像和迦叶、阿难尊者像，两侧为十八罗汉像。殿门前有大鼎一个，再向前两侧各有一块石碑，其中东侧石碑上记有清乾隆三十八年（1773 年）重修该寺的情况。大殿两侧各有配殿 3 间，东配殿为药师殿，供药师琉璃光佛和日光菩萨、月光菩萨；西配殿为地藏殿，供地藏王菩萨。原寺内东南、西南两角还建有钟楼、鼓楼，大殿后建有千手佛阁，为 3 间 2 层楼房，内供千手千眼观音，佛阁两侧各有耳房 3 间，东西各有配殿 3 间，这些建筑均未能保存至今。寺院内还有古井两眼。

2. 历史环境简介

淤口关又名淤口寨、六郎城，是中国古代著名的军事要塞，地上建筑今已无存，遗址还清晰可见。淤口关遗址位于信安镇西南部，高于周围耕地 1 米左右，南北长 3 500 多米，东西宽 1 500 余米，现有 112 国道从中穿过，故两侧被当地人称为“城南”“城北”。遗址内已出土大量唐宋时期的灰土炕灶、檑木、礌石、砖炮、铁箭簇、刀、枪、筒瓦、兽面瓦当、瓦件、陶纺轮、渔网丝、陶灯、瓷碗、盘、俑、定窑瓷片、均窑瓷片、胎瓷片、“元祐通宝”“元丰通宝”

入口

寺内走廊

图 10-2-1　龙泉寺 1

以及黑白陶石围棋子等。遗址内，112 国道北侧有一眼砖井，它向一边倾斜，是宋代戍边将士的水源之一，传说此井为杨六郎扳倒，故名“扳倒井”。井口现已封堵，其目前状况见图 10-2-3。

图 10-2-3 古井现状（组图）

大雄宝殿

寺前广场

观音阁

图 10-2-2 龙泉寺 2

第三节 非物质文化遗产

胜芳传统民间文化资源极为丰富，有胜芳民间花会、胜芳民间花灯、霸州笙管乐等。

（1）胜芳民间花会。胜芳民间花会号称有 72 道之多。其中胜芳胯鼓老会为国内仅有，根据此会改编的舞蹈曾多次获省级文艺大奖。

（2）胜芳民间花灯。胜芳民间花灯是一个庞大的独立发展的系统，1 000 多年来代代相传，延续至今。胜芳灯会分 3 部分，即元宵灯会、冰灯大棚、盂兰盆放河灯，均一年举办一次。

（3）霸州笙管乐（胜芳音乐会）。胜芳音乐会是寺院佛教音乐流传民间的产物，风格古朴，自创会以来，历经数百年而变异甚微。胜芳音乐会能演奏 30 多支曲牌，曲目中既有佛教乐曲，也有俗世风格的村调，雅俗兼具，深受民众喜爱。胜芳音乐会于 2006 年被列入第一批国家级非物质文化遗产名录。

胜芳花灯及元宵灯会已被列入国家级非物质文化遗产名录，胯鼓、火神信仰、河灯习俗等 5 项传统文化为省级非物质文化遗产保护项目，松花蛋制作、太平鼓子、东淀鱼技等 6 项传统文化为市级非物质文化遗产保护项目，还有高跷、武术、糕点制作等 10 余项非遗项目正在申报中。